EMOZIONI IN UNO SCATTO
CESENATICO

Luca Silvestrin

Prima edizione 2023

L'autore di quest'opera detiene ogni diritto della stessa in maniera esclusiva. Nessuna parte di questo libro può essere pertanto riprodotta senza il preventivo assenso dell'autore.

Introduzione

In questo fotolibro voglio condurvi in un viaggio attraverso le emozioni catturate in uno scatto, ogni foto presente in questo libro è stata scattata a Cesenatico, qui è dove la mia passione ha raggiunto il culmine.

Sono sempre alla ricerca dei piccoli particolari che possono sfuggire a un occhio meno attento. Mediante prospettive insolite ho voluto catturarne l'essenza, che sia un essere vivente o inanimato, i miei scatti vogliono trasmettere emozioni sia positive che negative. Tutto ciò può essere riassunto in due parole: street photografy.

Ormai siamo in un'era in cui siamo distratti da mille cose che rendono la nostra vita frenetica, ma basterebbe prendersi un momento per sé e osservare quello che ci circonda.

La mia passione non si limita solo allo scatto puro e semplice, ma prosegue anche nelle modifiche utilizzando tre tipologie di colorazioni:

La prima è la colorazione dark, caratterizzata da tonalità cupe, con prevalenza di bianco e nero, ma con qualche accenno di colori tenui.

Il secondo è il black and white (bianco e nero), questa colorazione amplifica i dettagli e rende tutto magico e vissuto.

La terza è il cyberpunk, uno stile molto colorato e futuristico, caratterizzato da tonalità blu e viola.

Ci sono eccezioni in cui non uso nessuna di queste colorazioni, perché ogni foto ha una sua essenza e brilla di luce propria, basta solo bilanciare il contrasto tra luci e ombre. Cerco sempre quale sia lo stile più adatto per ogni singolo scatto.

Ringraziamenti

- Voglio ringraziare Cesenatico perché mi ha regalato tantissimi posti meravigliosi da scoprire.
- E grazie a te che hai acquistato questo fotolibro.

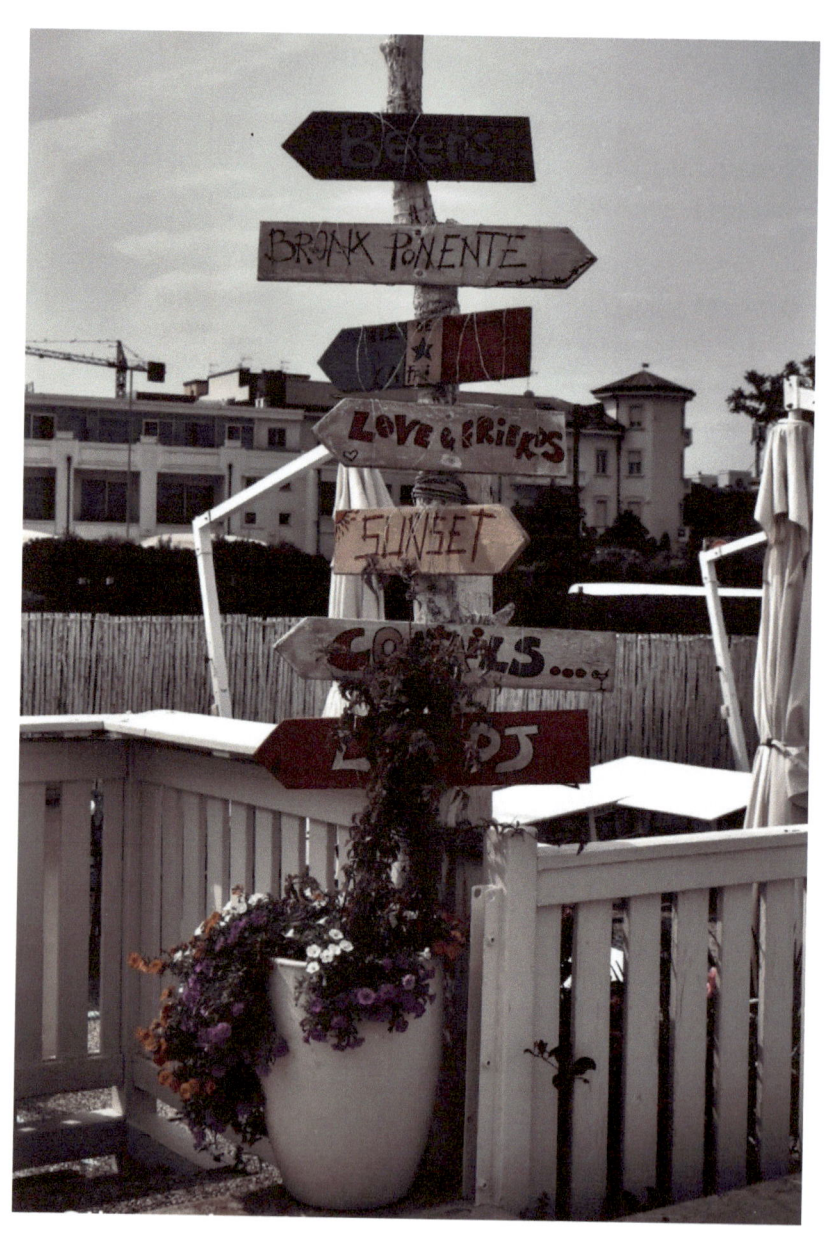

Questo cartello si può trovare nella zona pedonale dopo il faro di levante

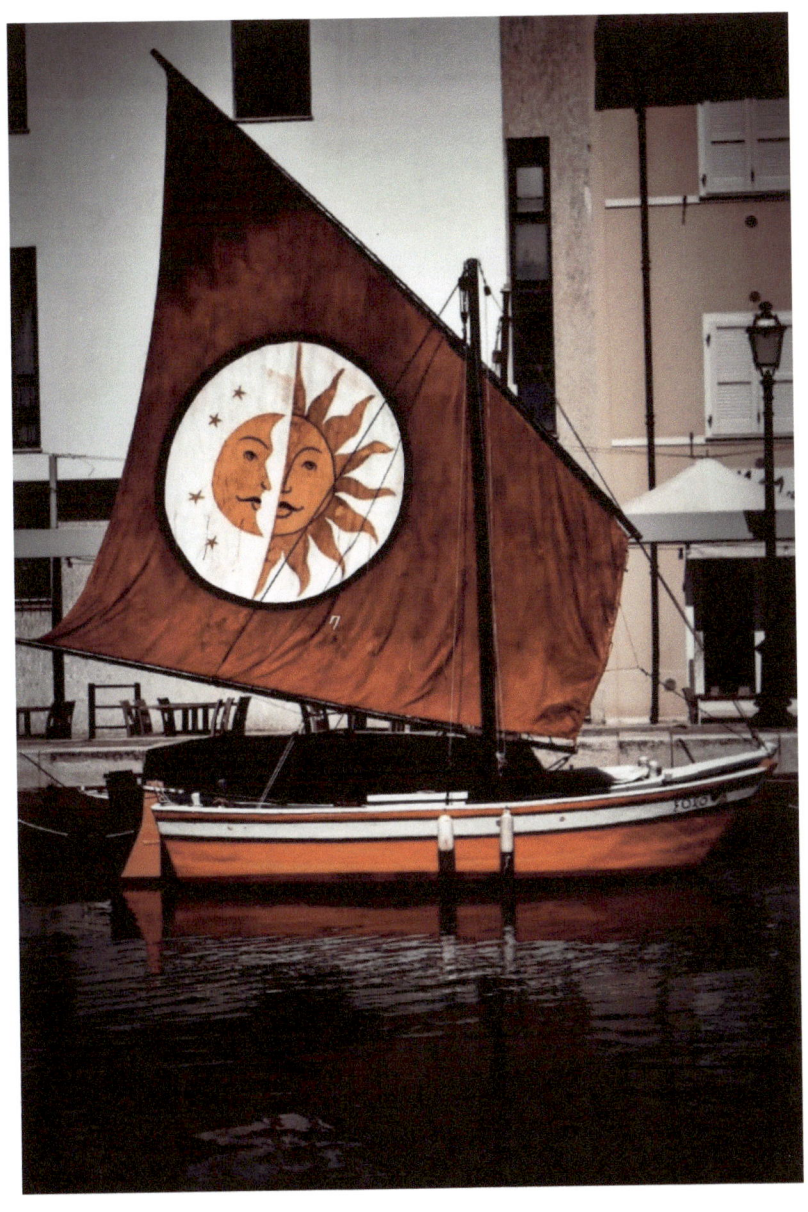

Una delle imbarcazioni storiche che si possono trovare in porto canale

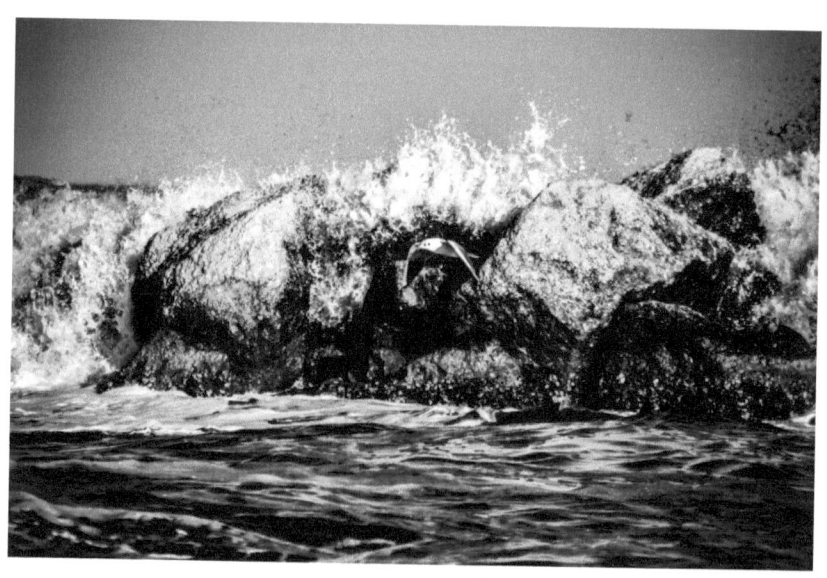

Foto scattata riprendendo gli scogli durante una mareggiata

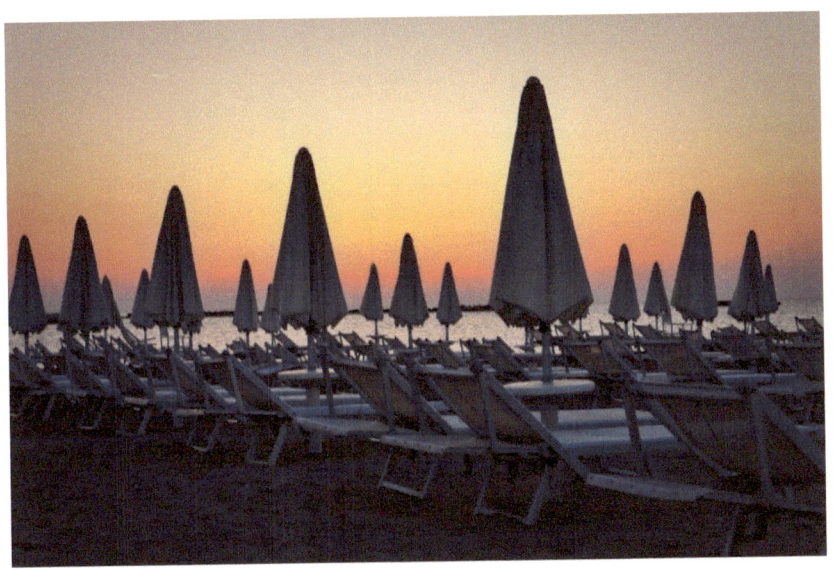

Alba a fine stagione

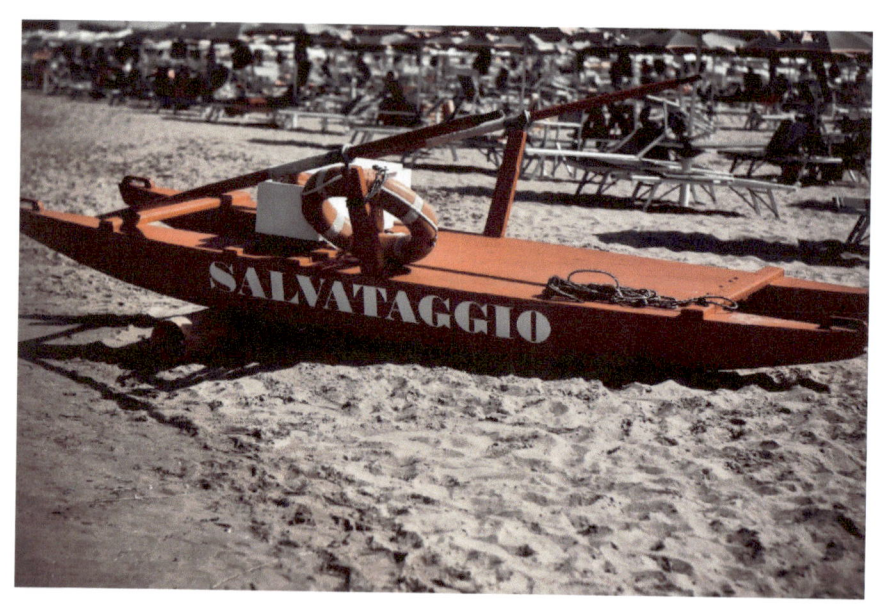

Passeggiando in riva al mare

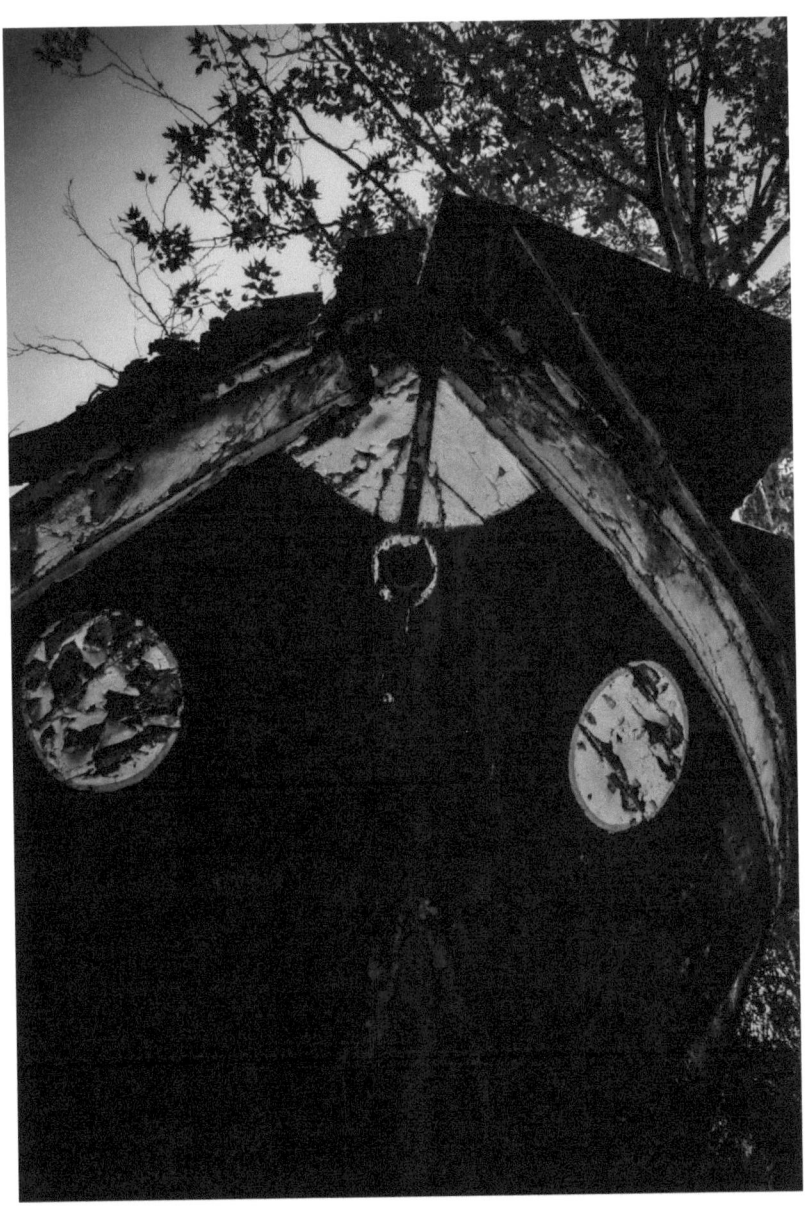

Un relitto di un'imbarcazione che si può trovare al parco di ponente

Luci nostalgiche in piazza delle conserve

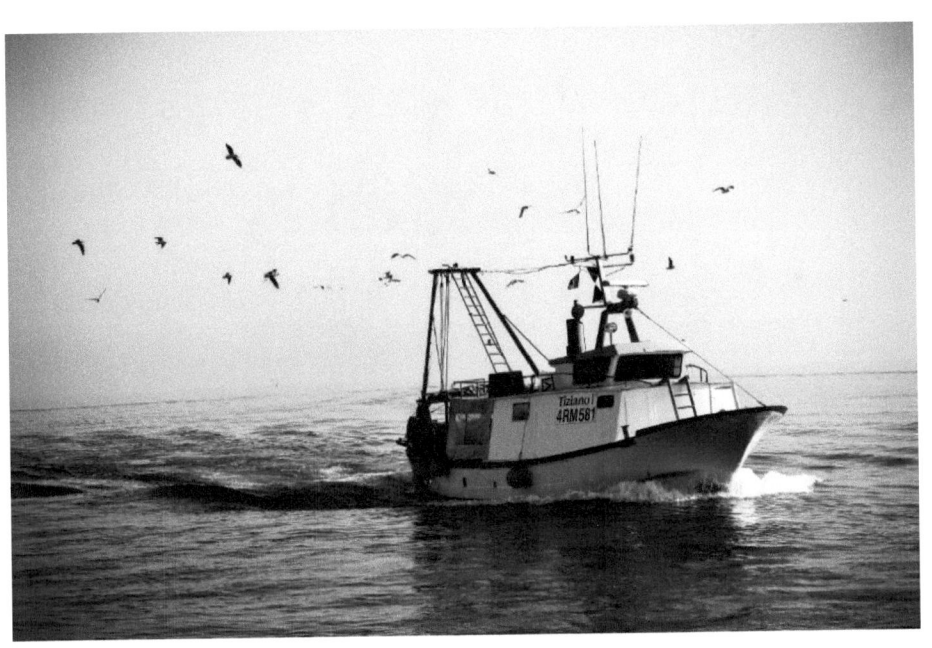

Il rientro di un peschereccio ripreso dal molo di levante

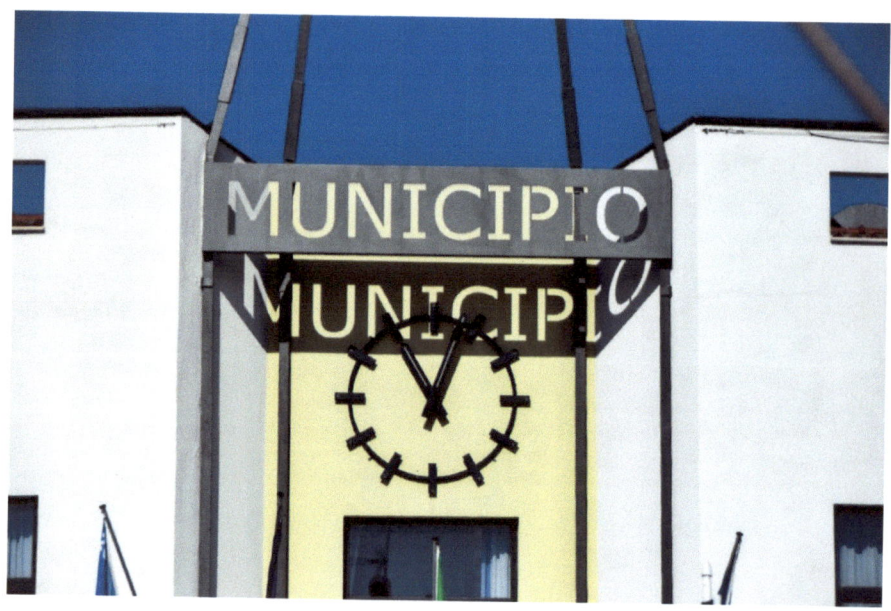
Municipio e le sue ombre. Ripreso da porto canale lato levante

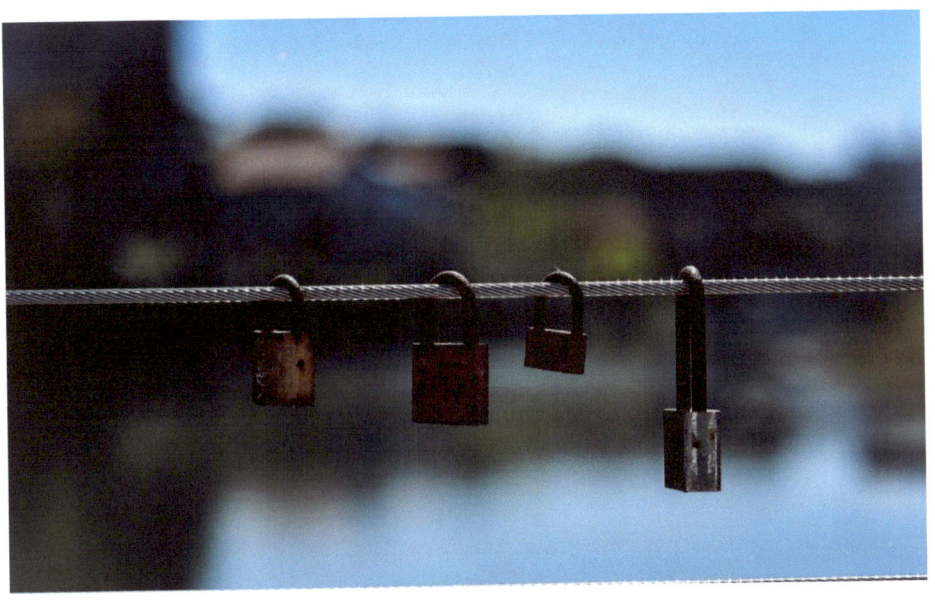
Passando sull' ex ponte mobile si trovano storie d' amore

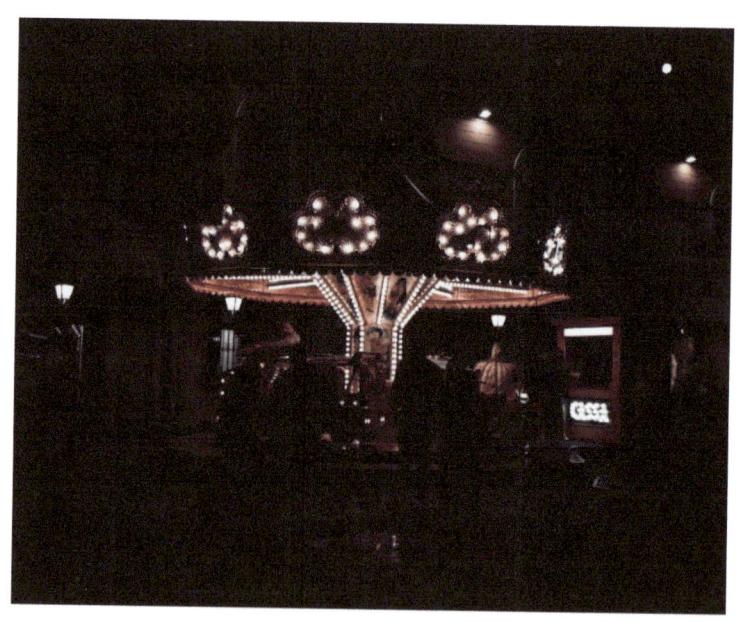

La giostra di notte in piazza Carlo Pisacane

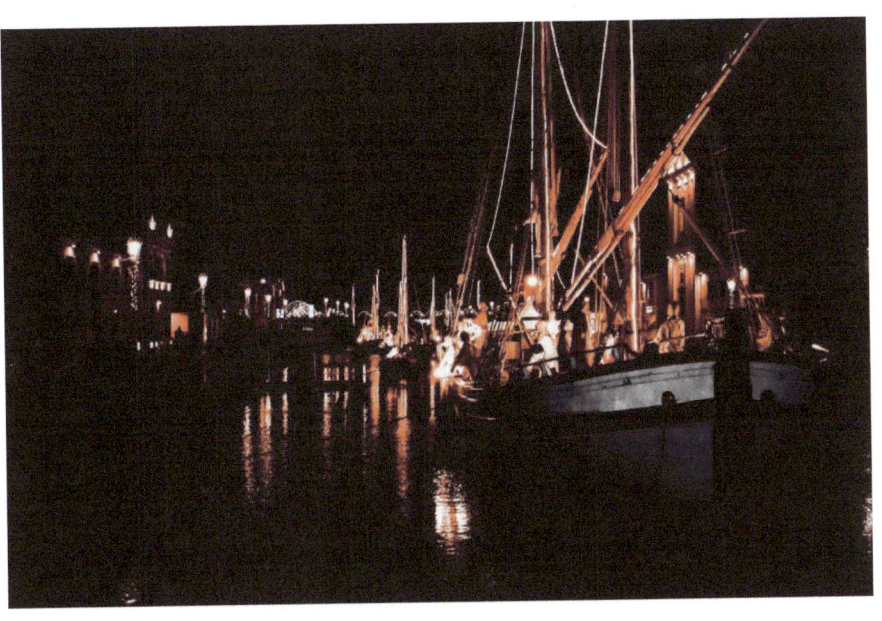

Le barche di porto canale nel periodo natalizio

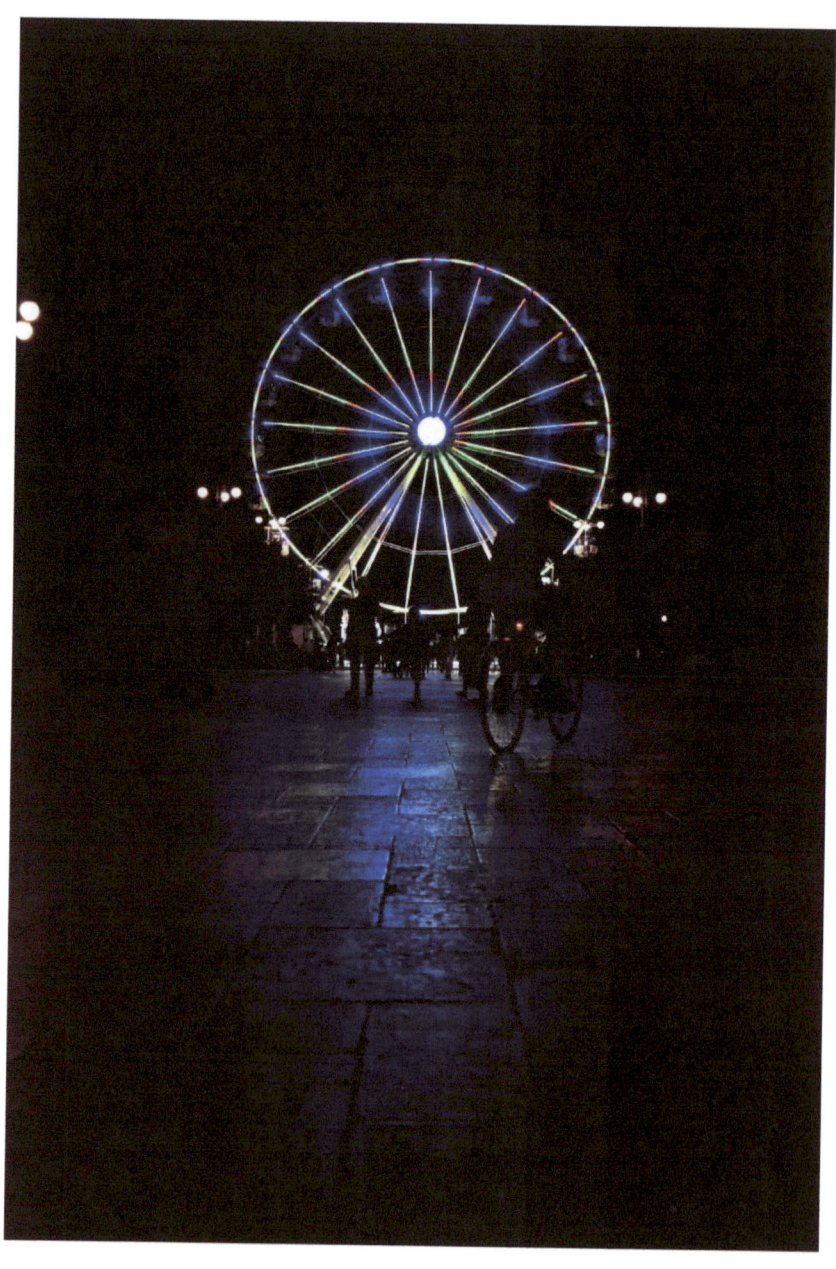
La ruota panoramica di notte in piazza Andrea Costa

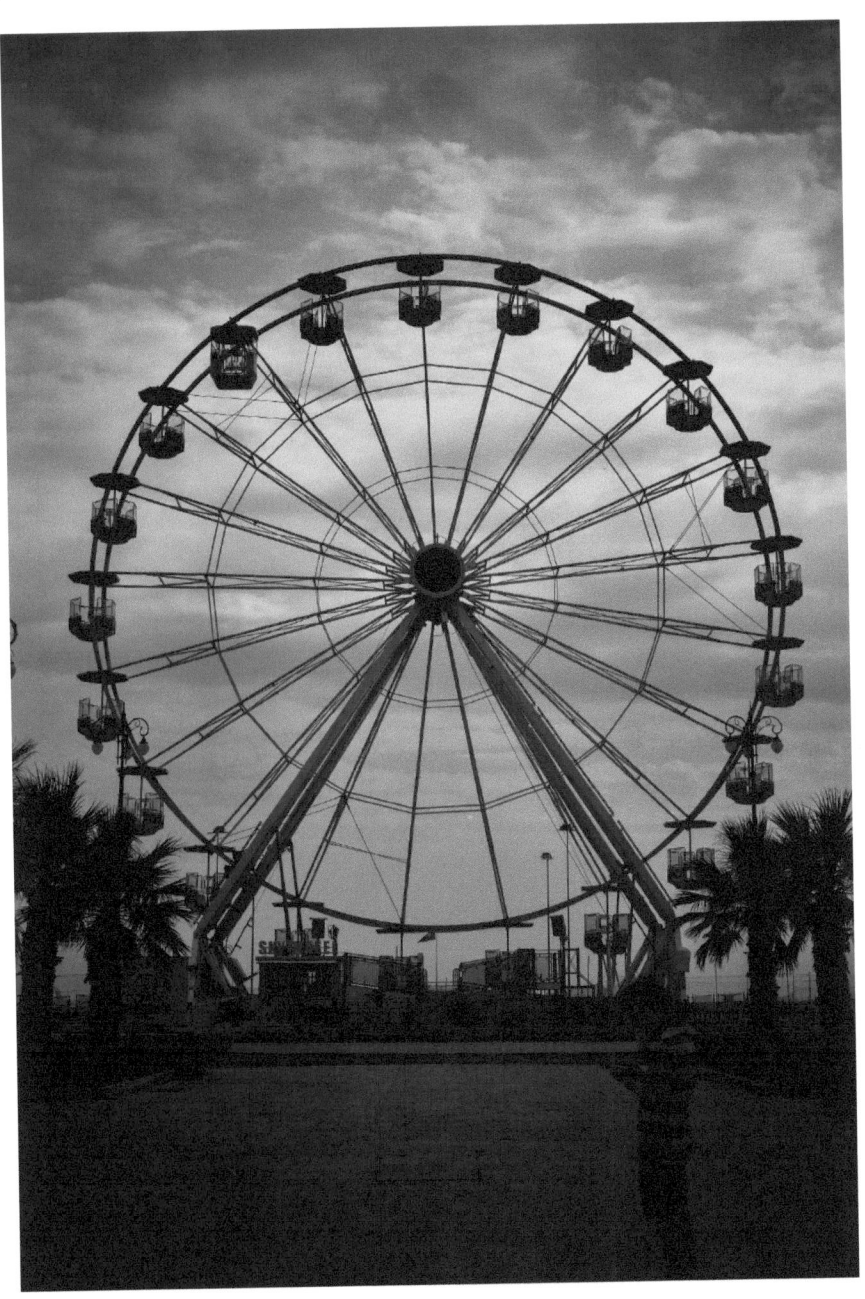
La ruota panoramica di giorno in piazza Andrea Costa

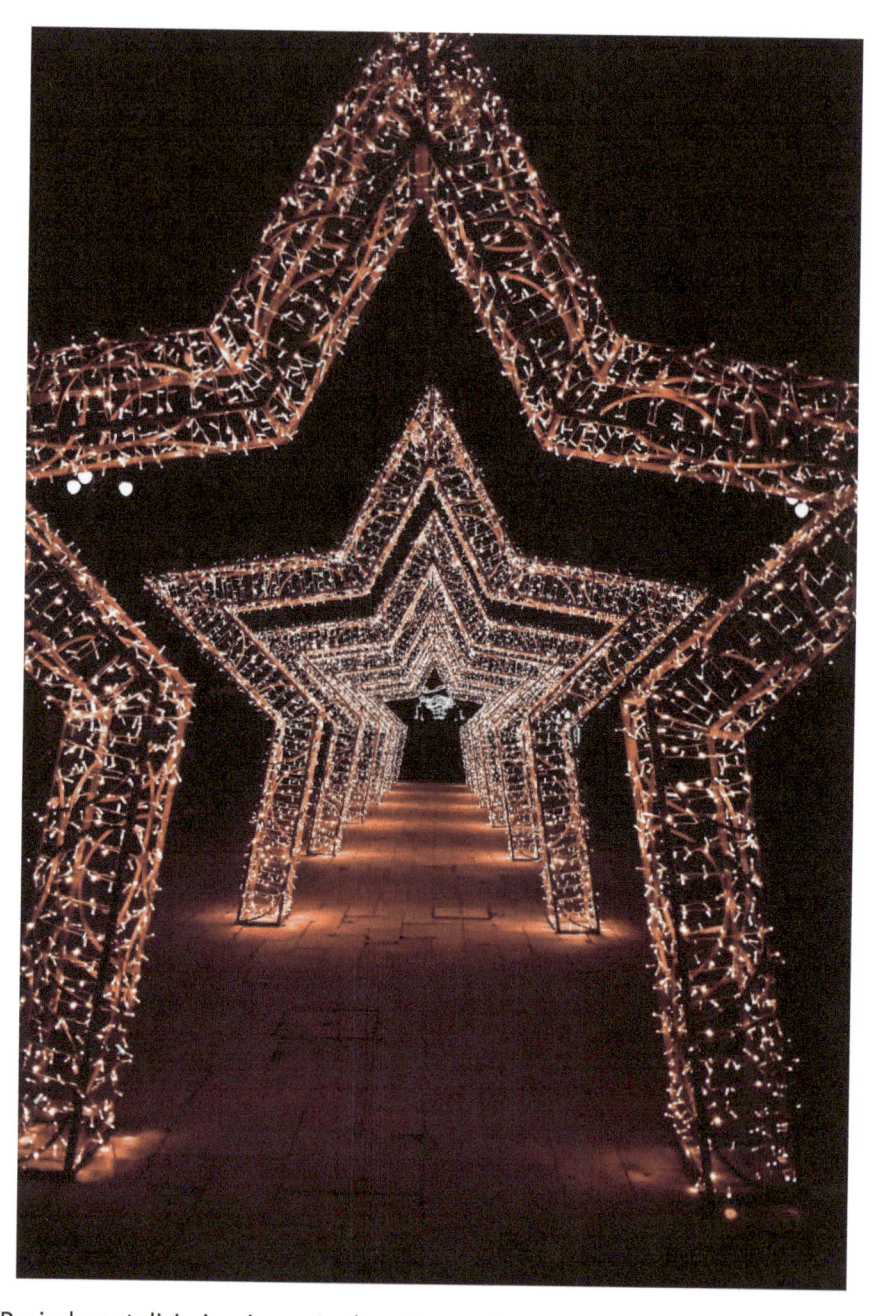

Periodo natalizio in piazza Andrea Costa. Ogni anno un'emozione diversa

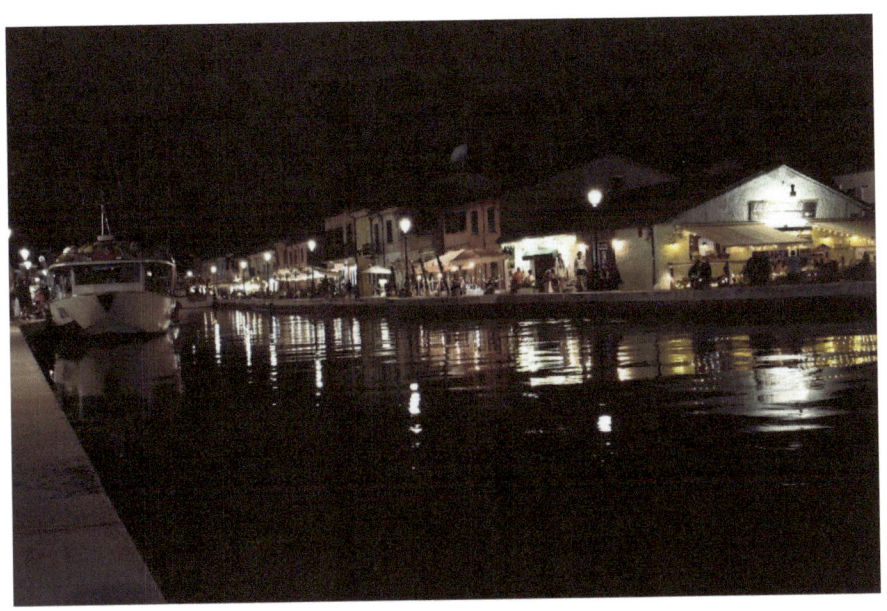
Porto canale di sera

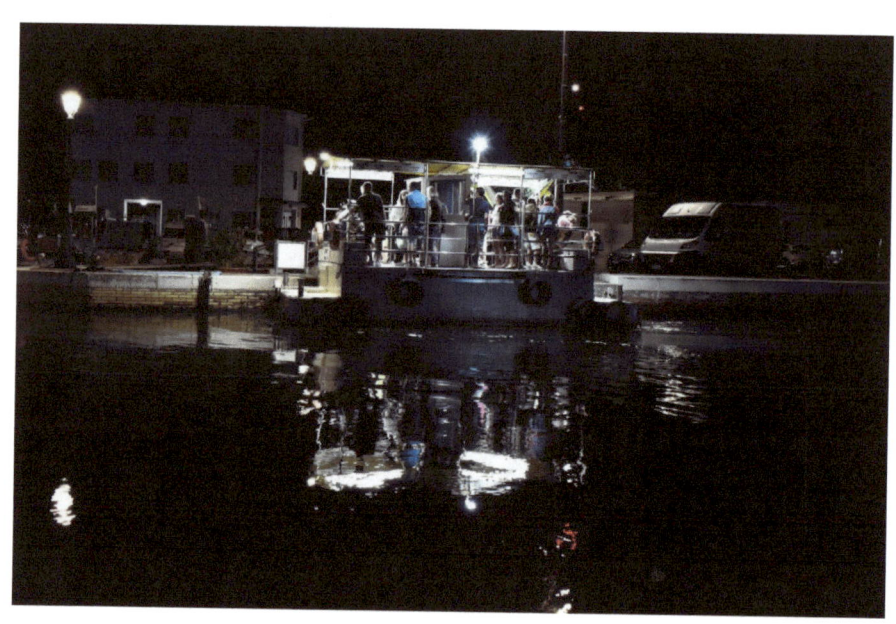
Traghetto levante – ponente

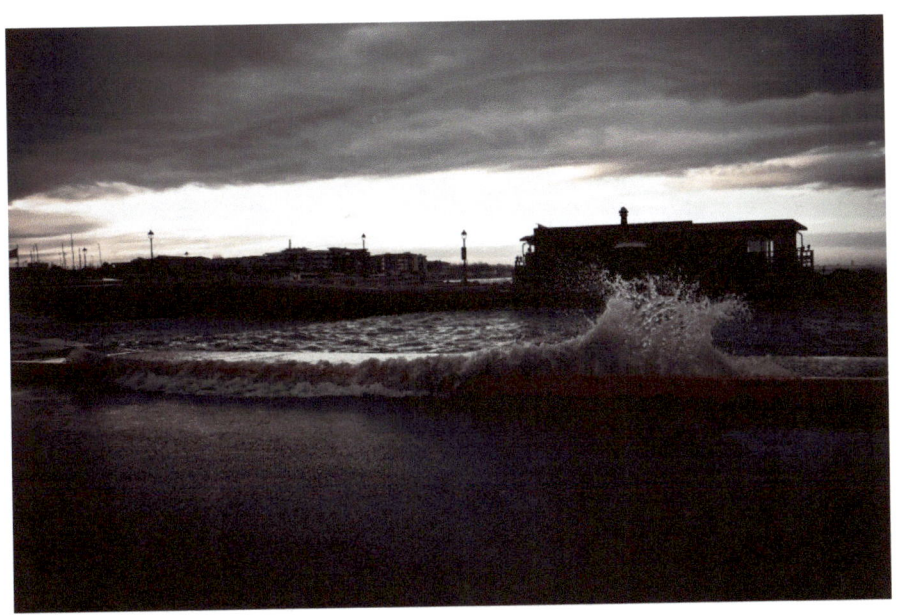

Mareggiata inaspettata

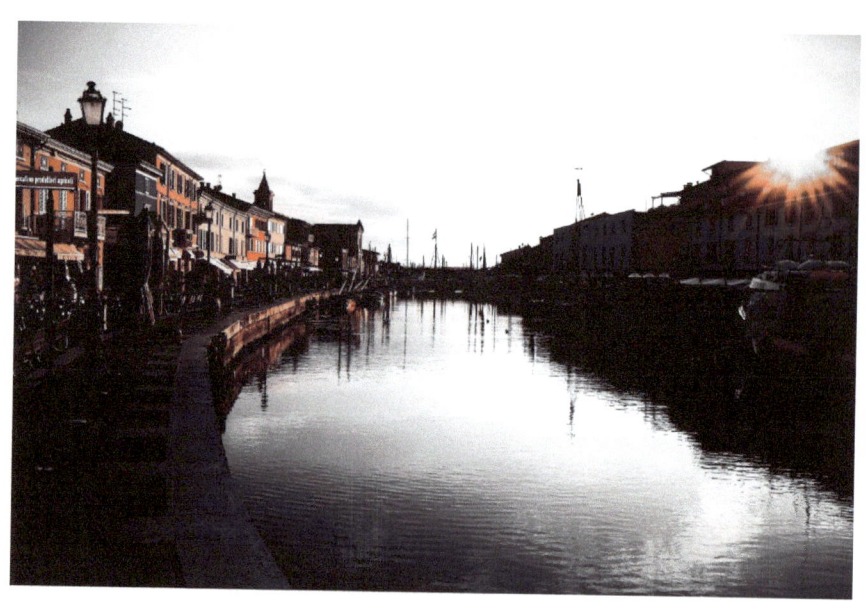

Alba in porto canale

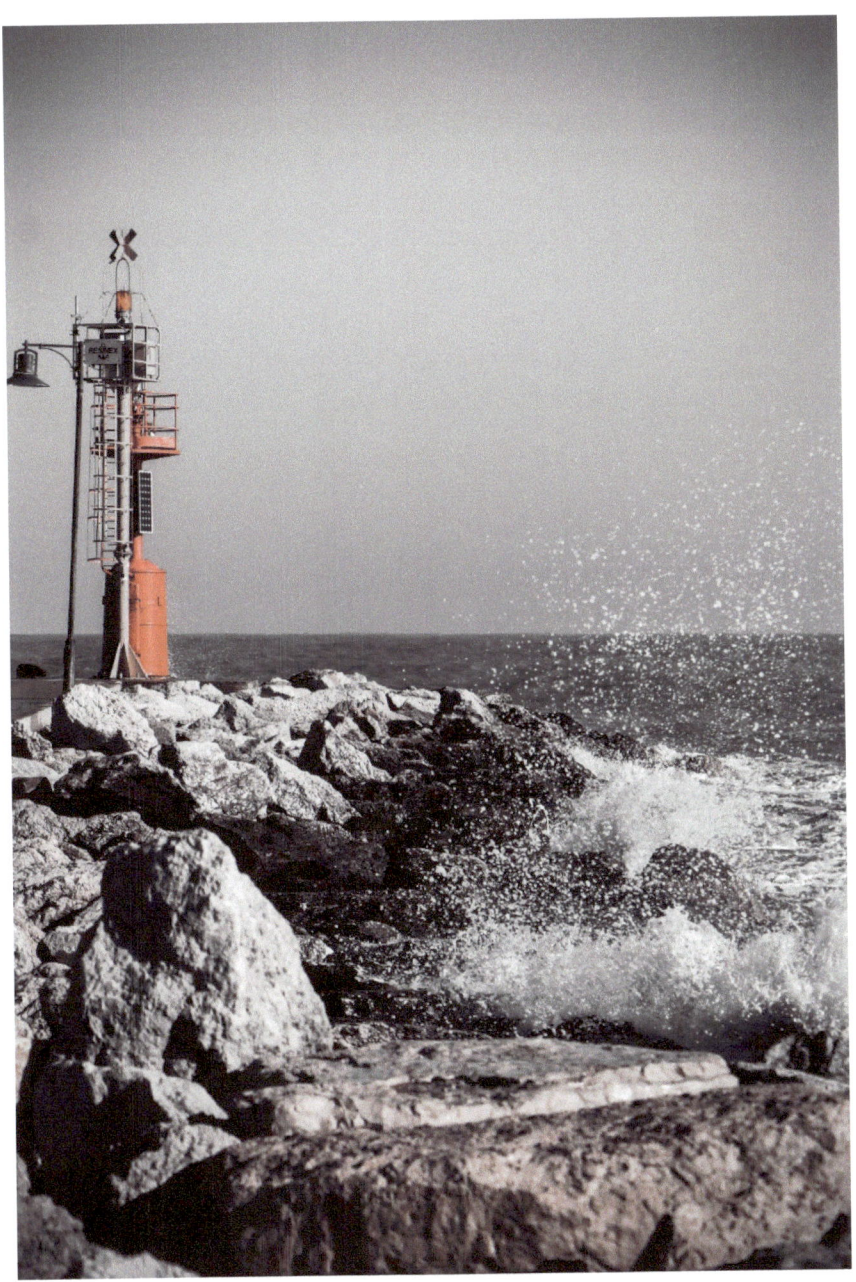

Mare agitato al molo

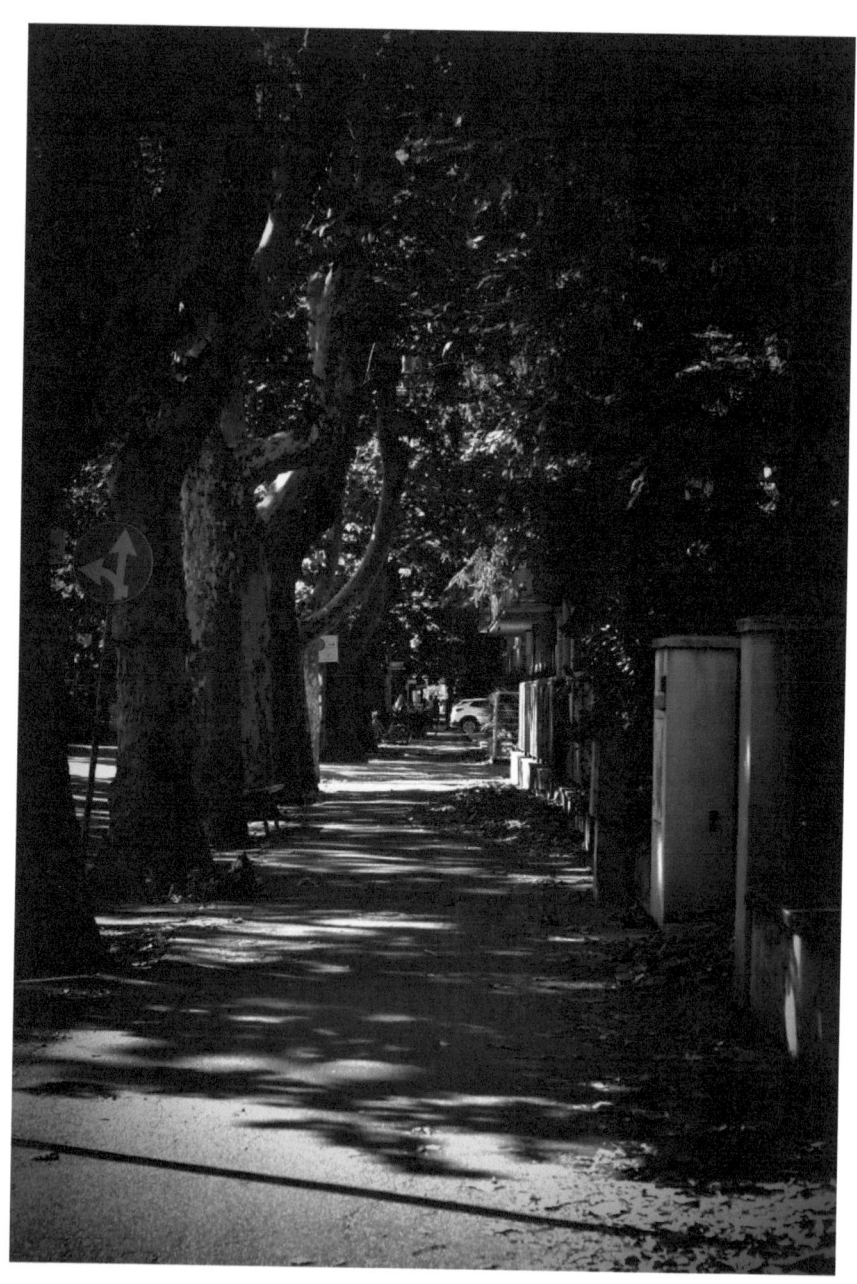

Via Leonardo da Vinci

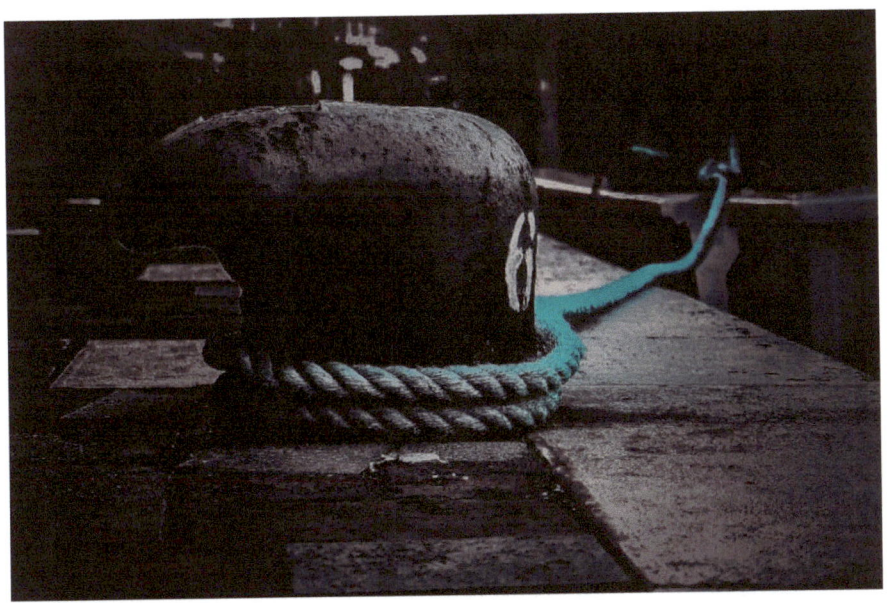
Ormeggio in porto canale

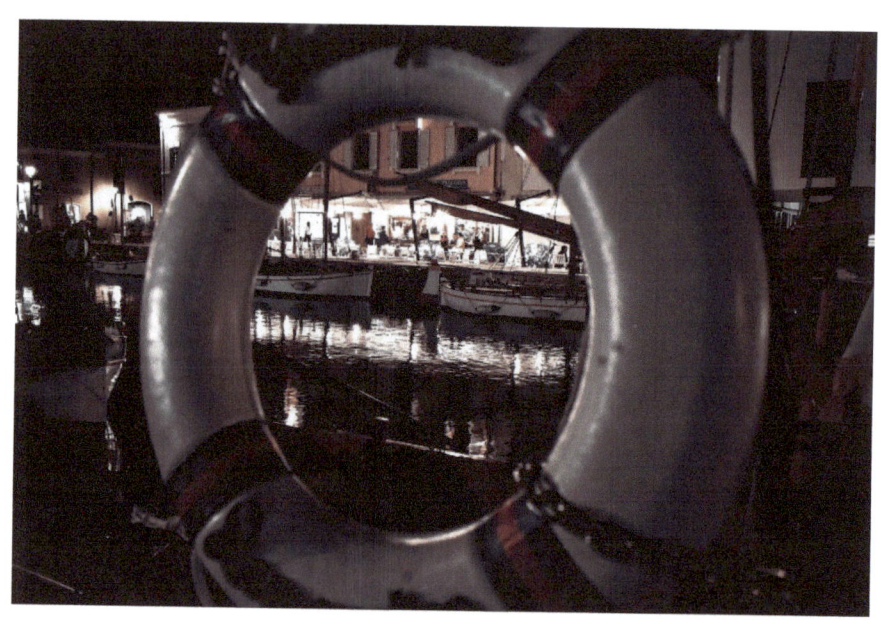
Porto canale attraverso un'imbarcazione ormeggiata

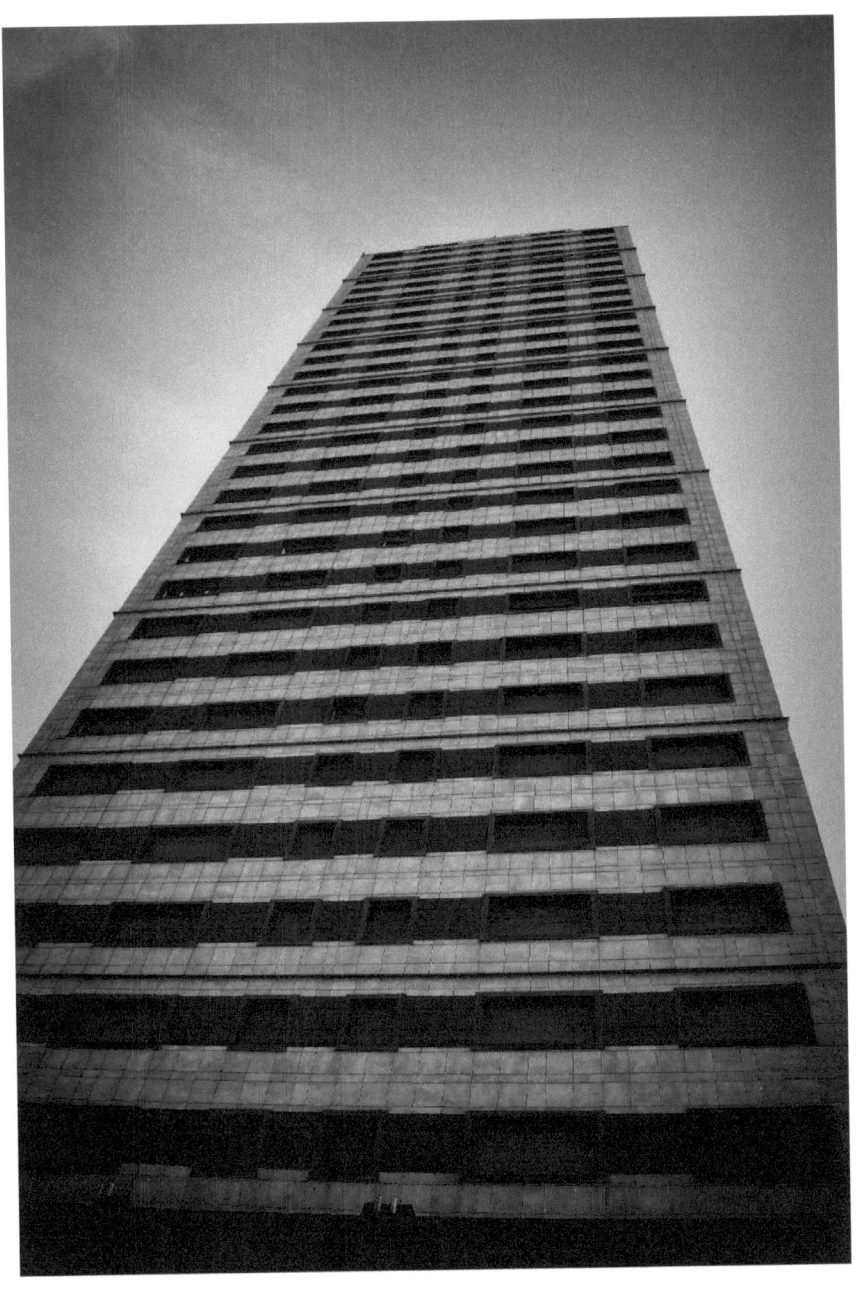
Grattacielo di Cesenatico

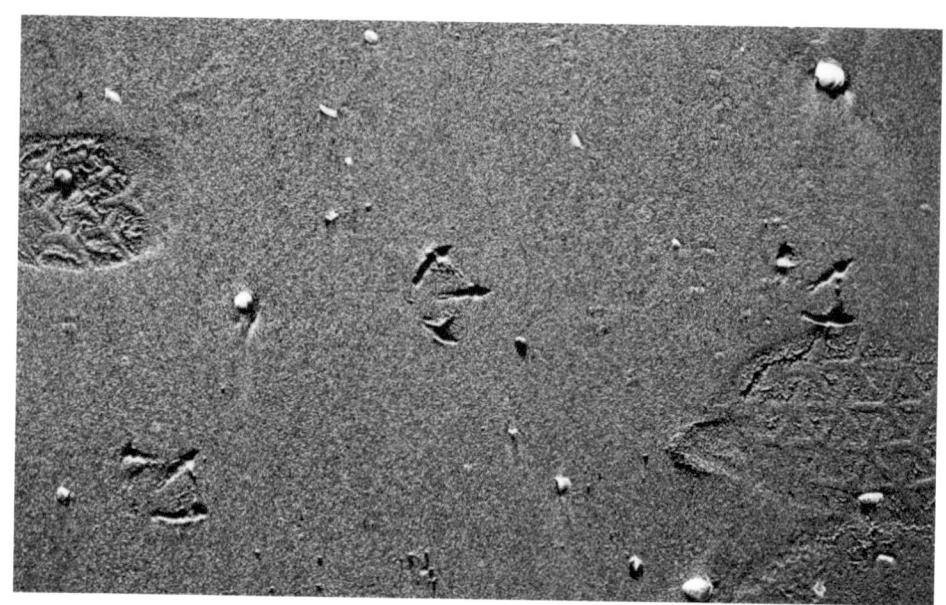
Orme in spiaggia

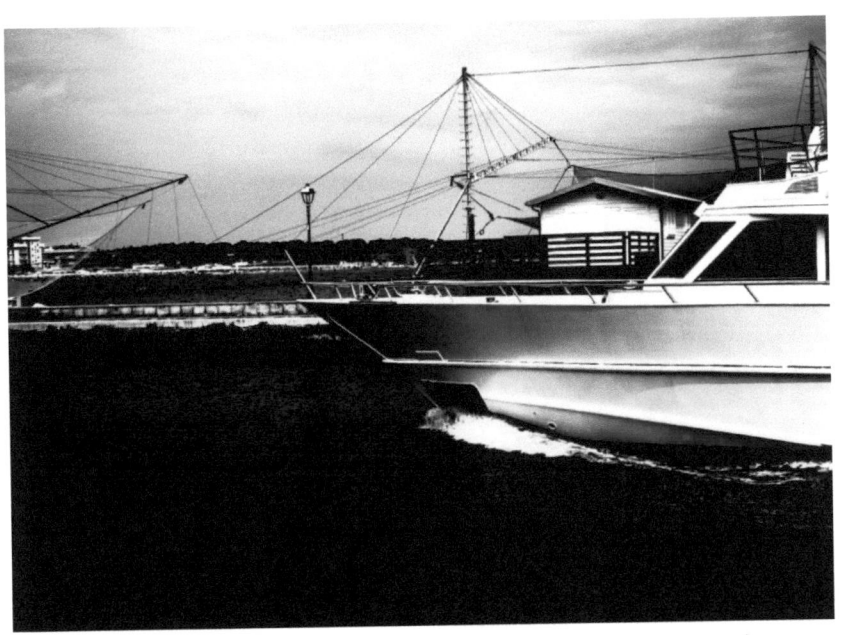
Rientro in porto

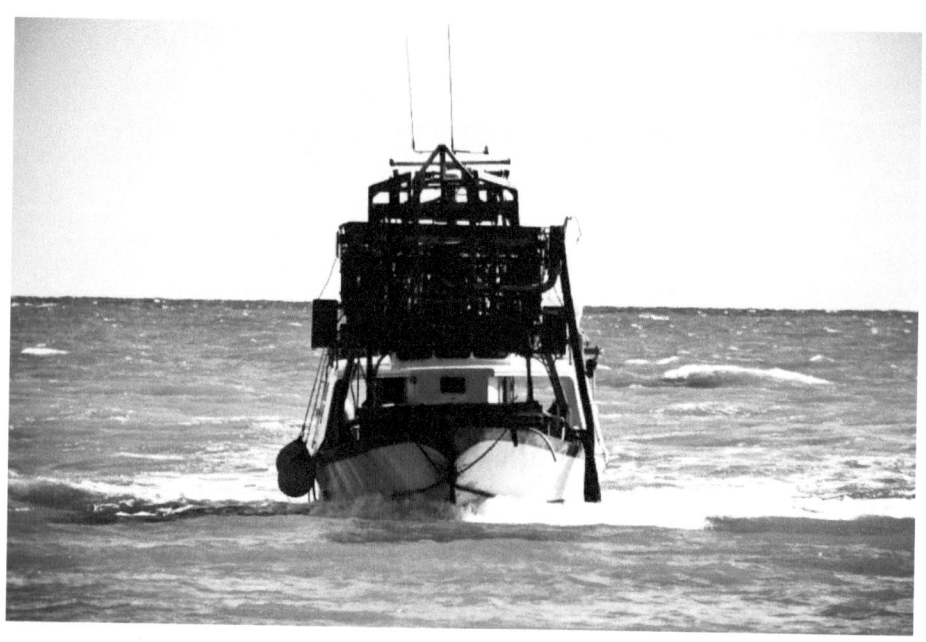

Il peschereccio visto dal molo di ponente che rientra dopo una dura giornata di lavoro

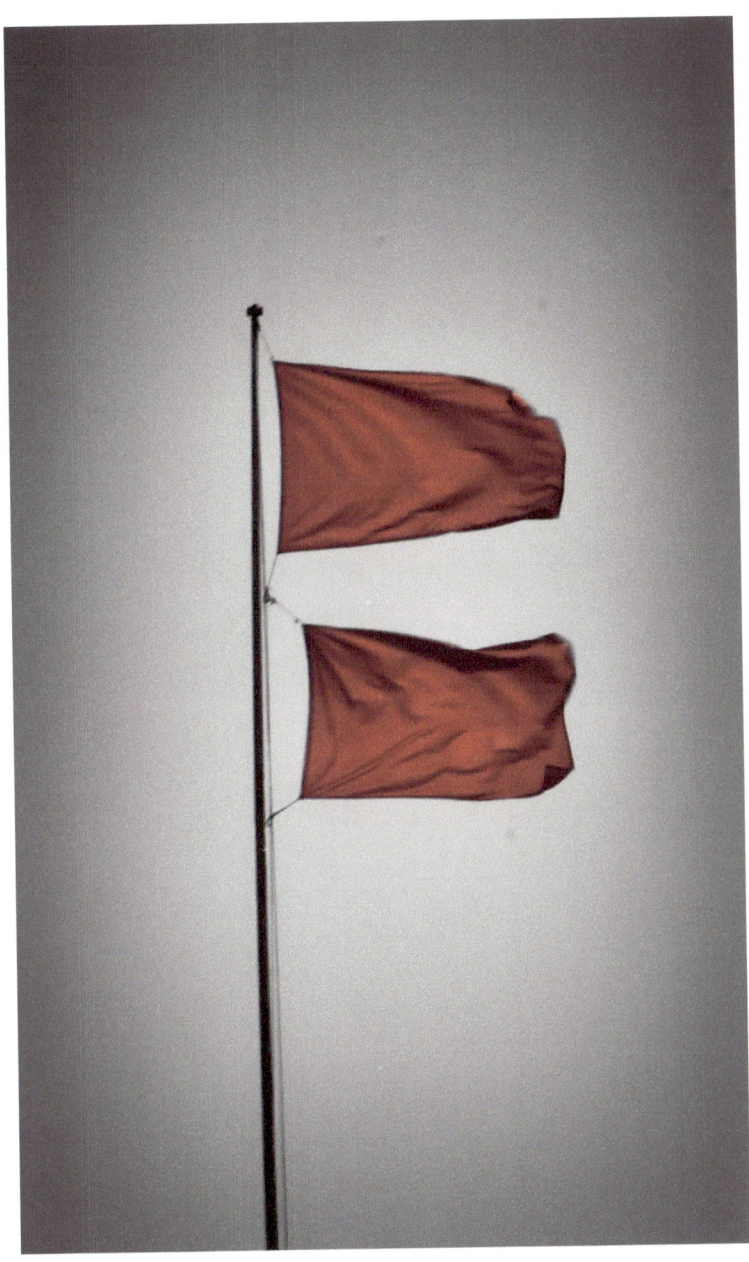

Anche la doppia bandiera rossa in spiaggia è stupenda

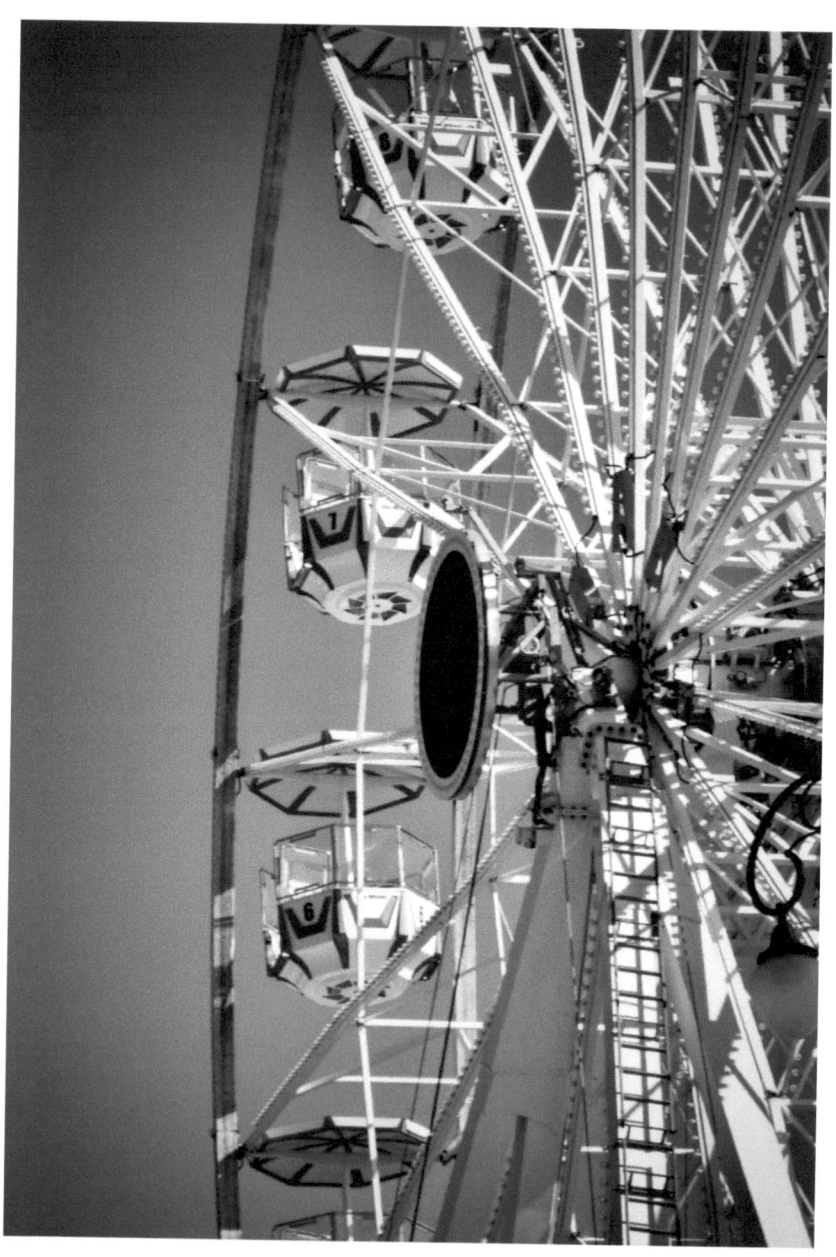
Ruota panoramica vista da un'angolazione diversa dal solito

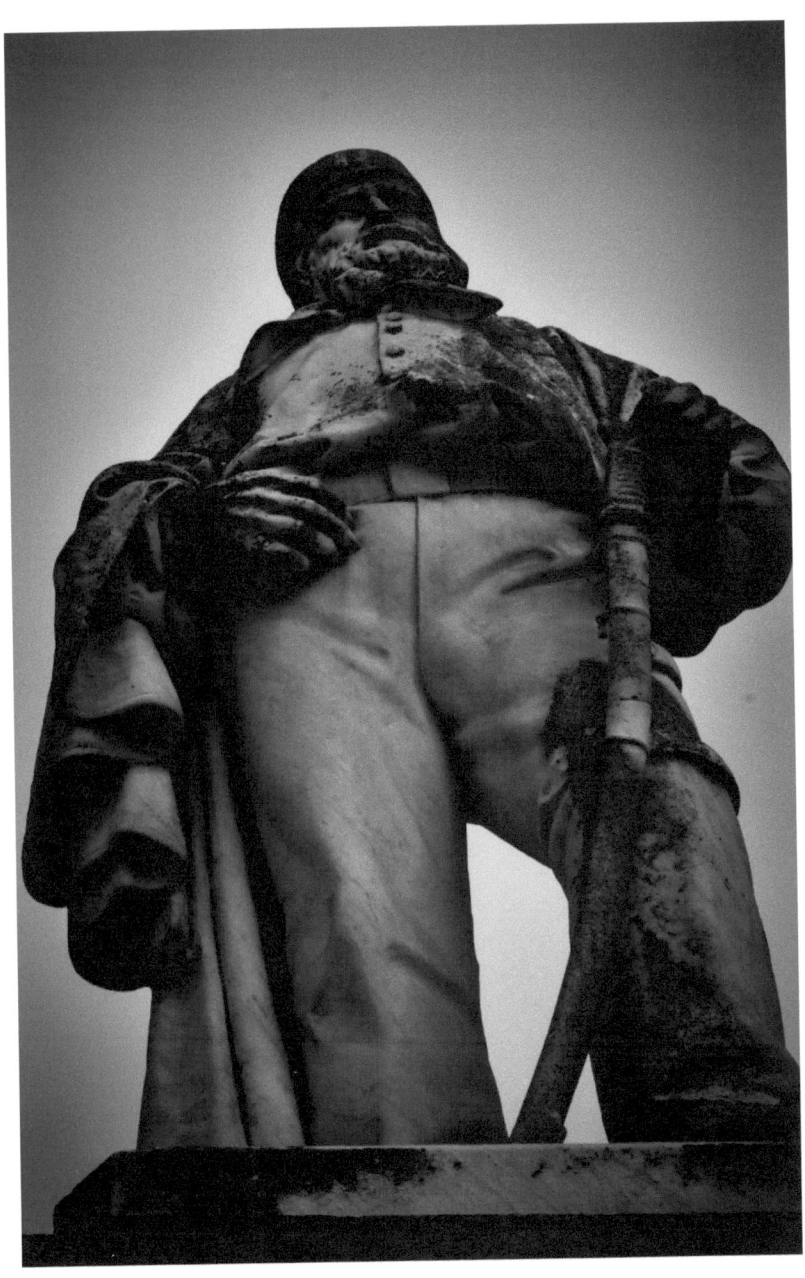
Statua di Garibaldi in piazza Carlo Pisacane

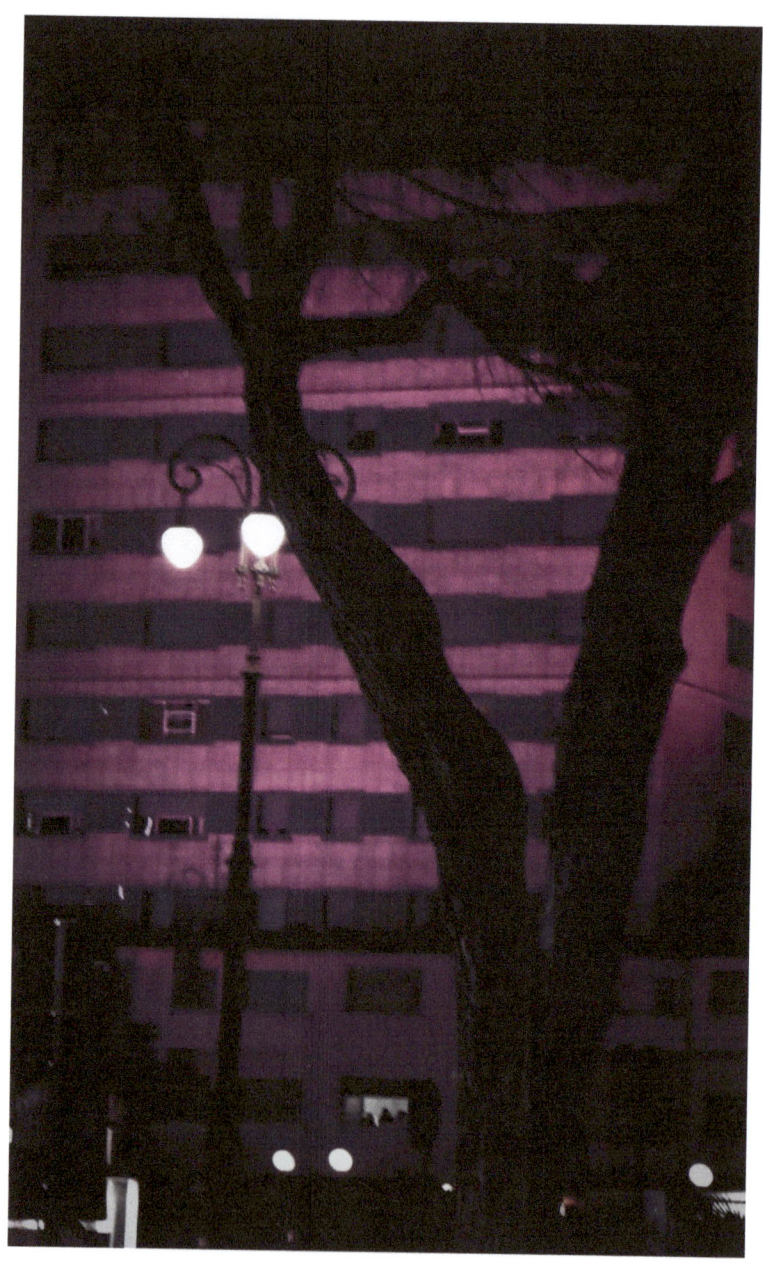
Grattacielo durante notte rosa

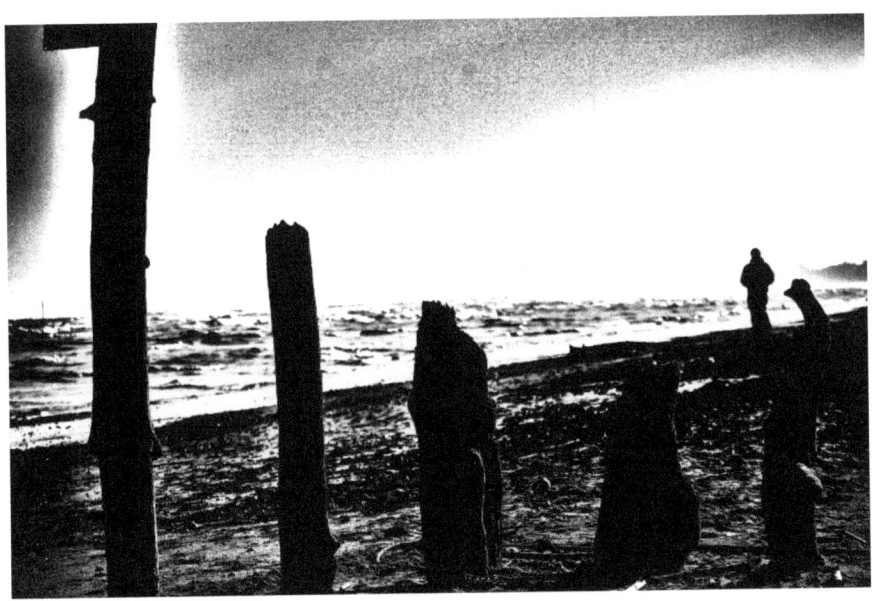
Passeggiata invernale in spiaggia

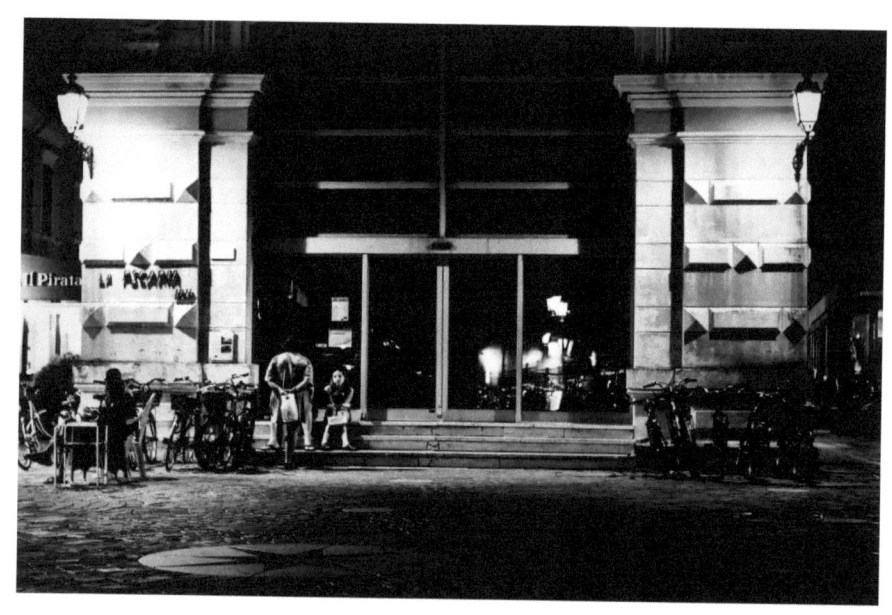

Pescheria storica di porto canale

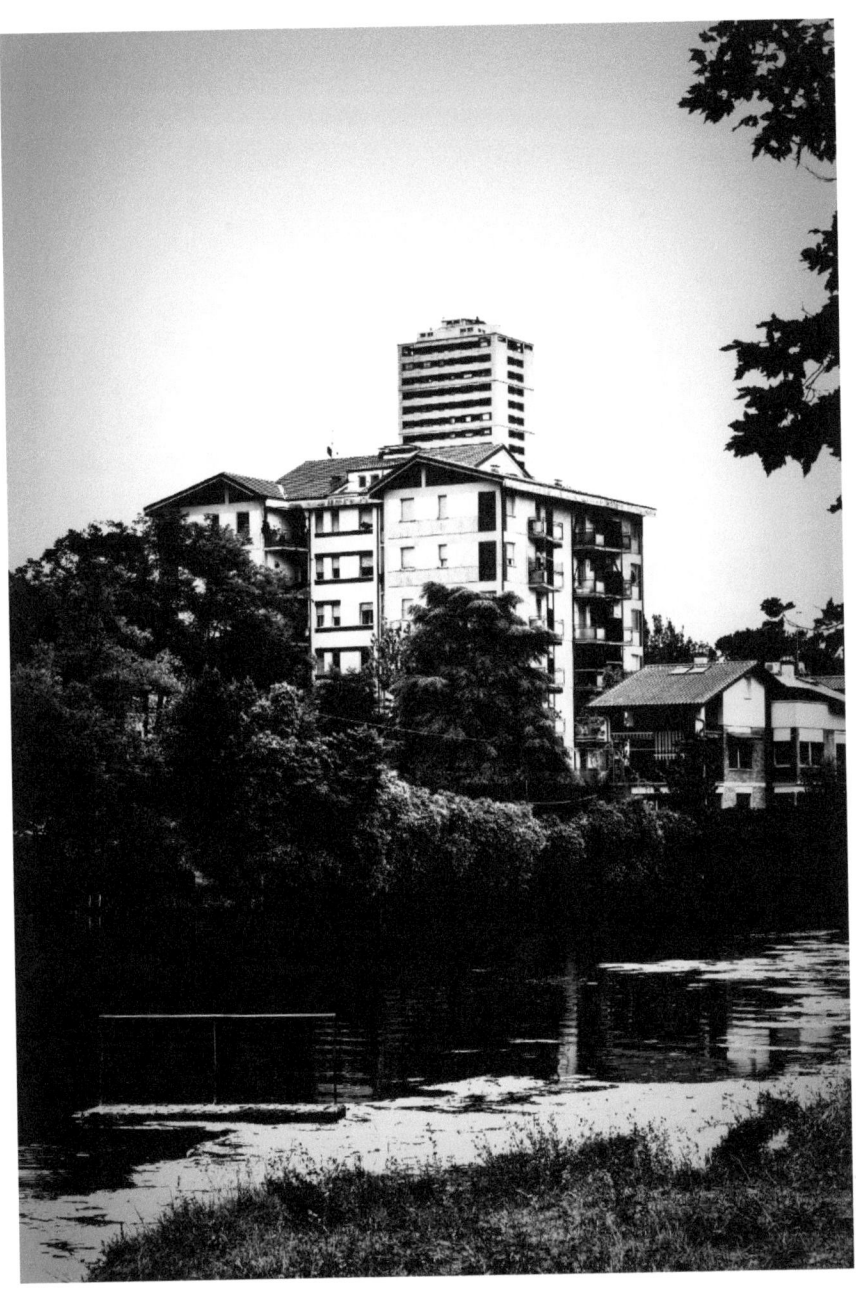

Vena Mazzarini

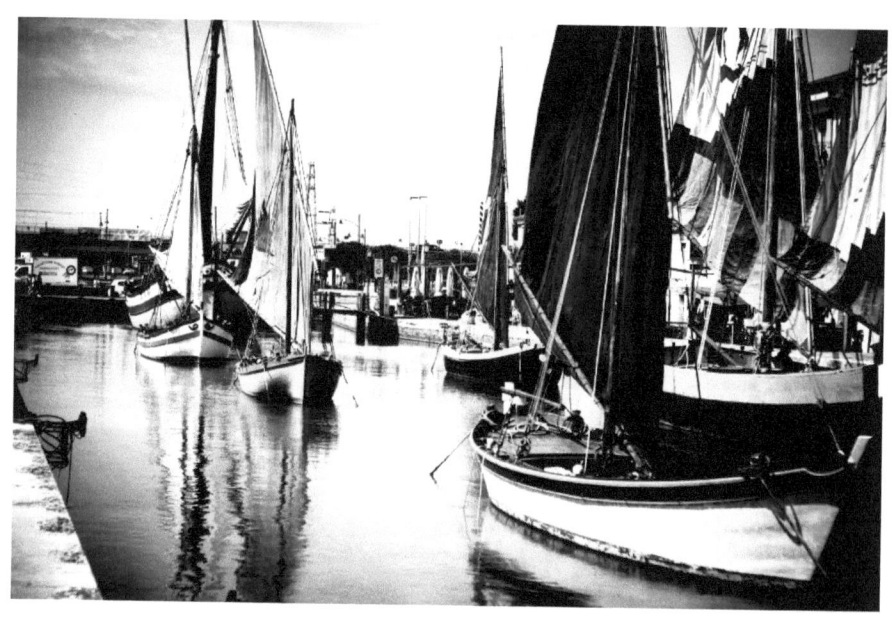

Porto canale (museo della marineria)

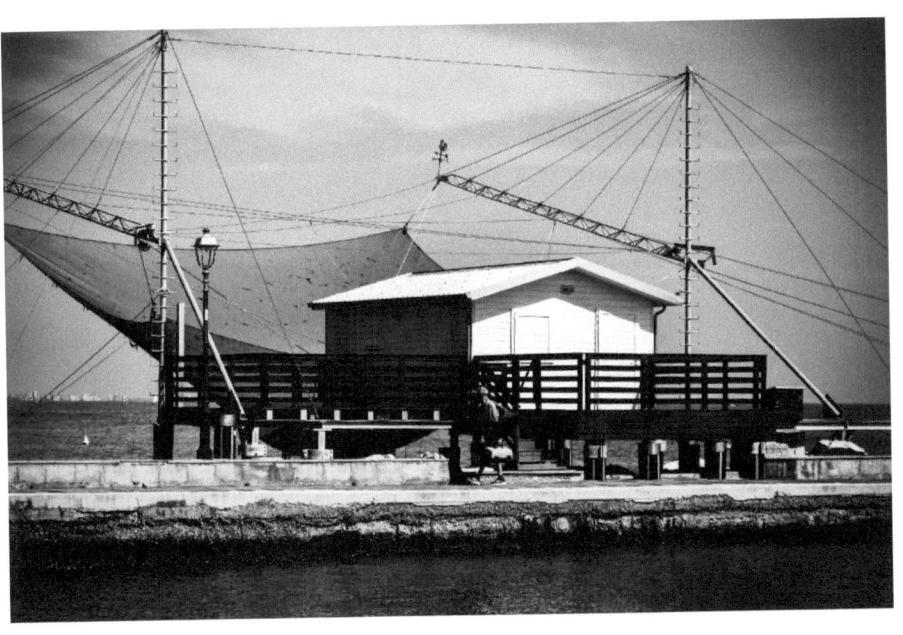

Case da pesca (molo di ponente) riprese dal molo di levante

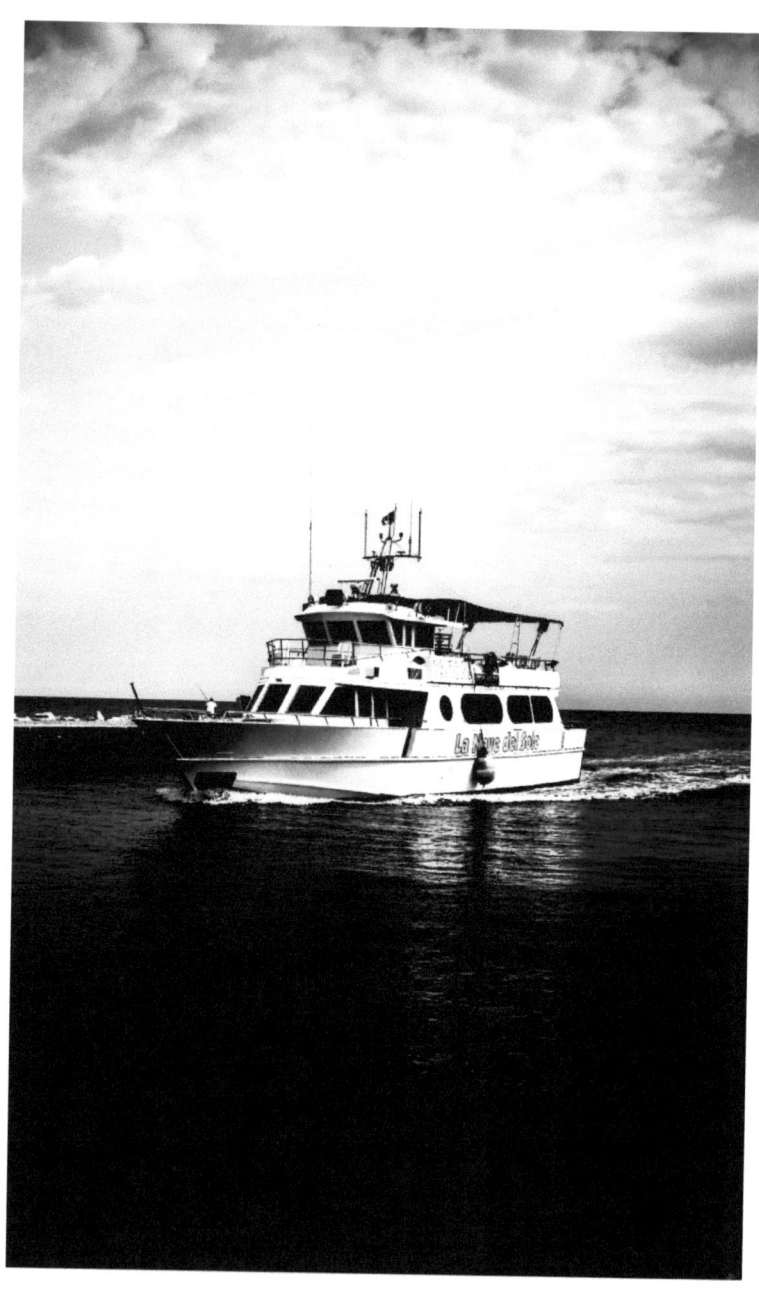

Imbarcazione turistica in rientro

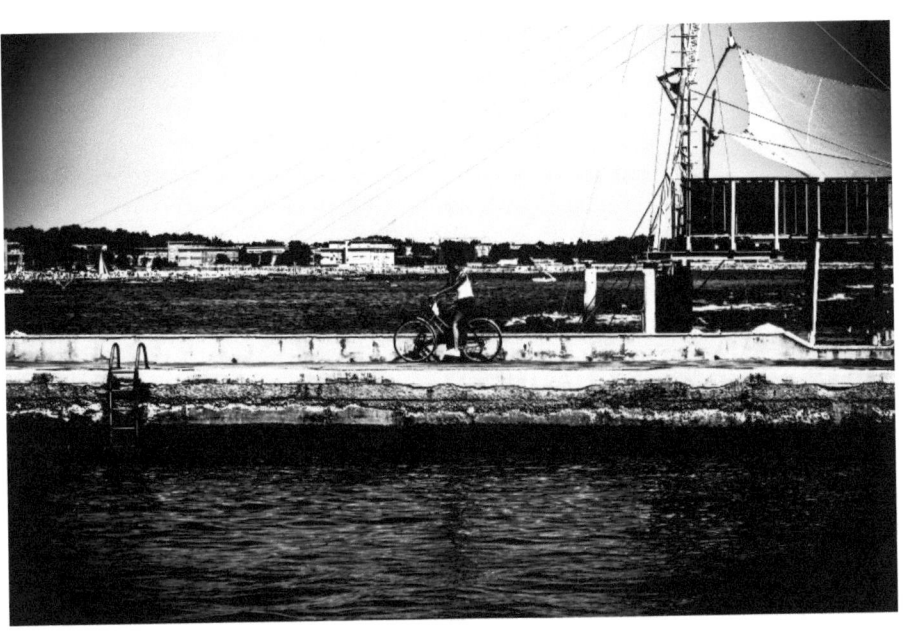

Molo di ponente ripreso da levante

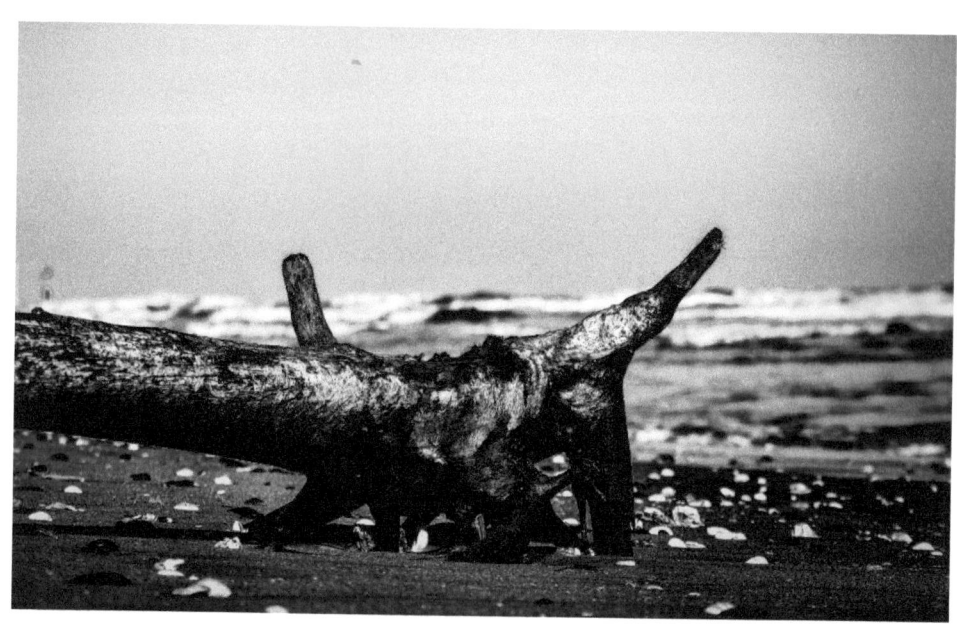

Spiaggia invernale

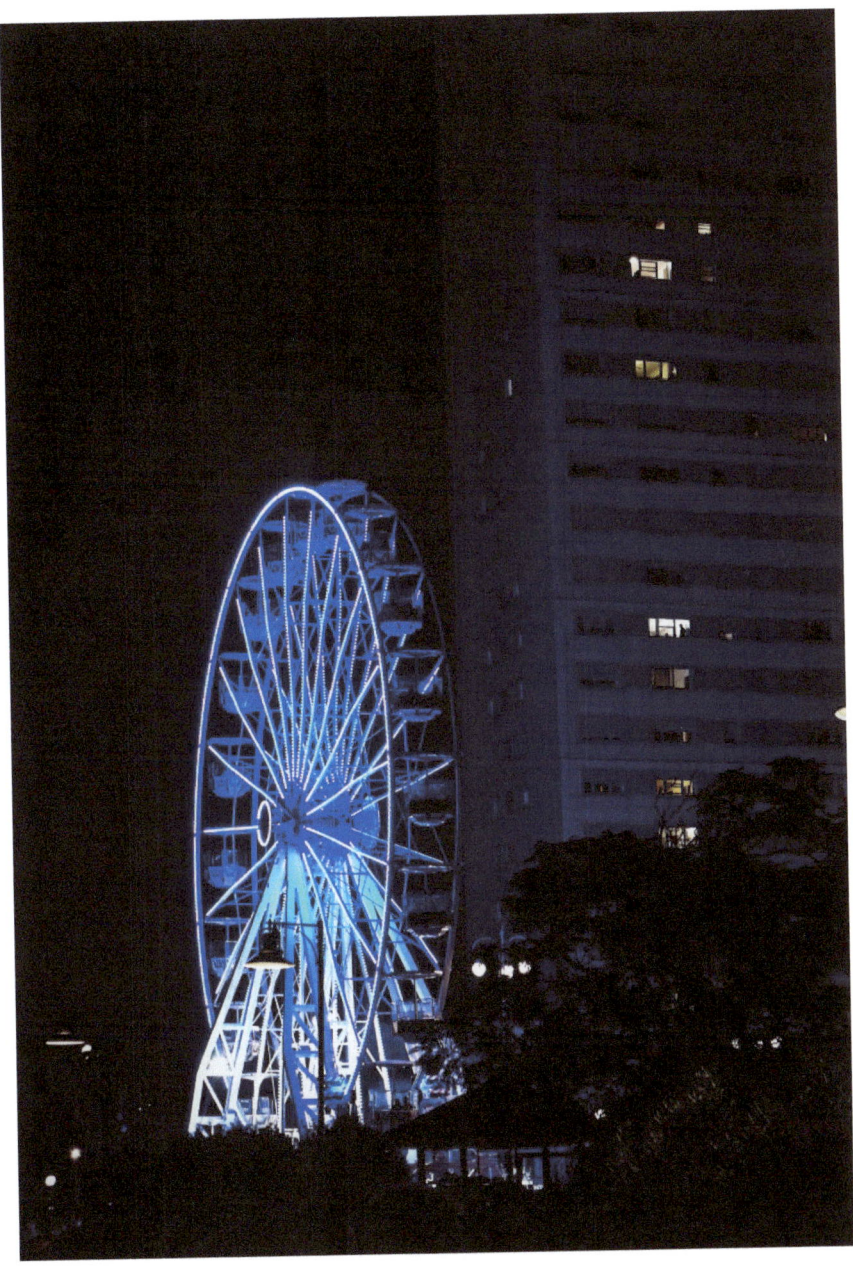
Vista della ruota panoramica passeggiando sulla spiaggia

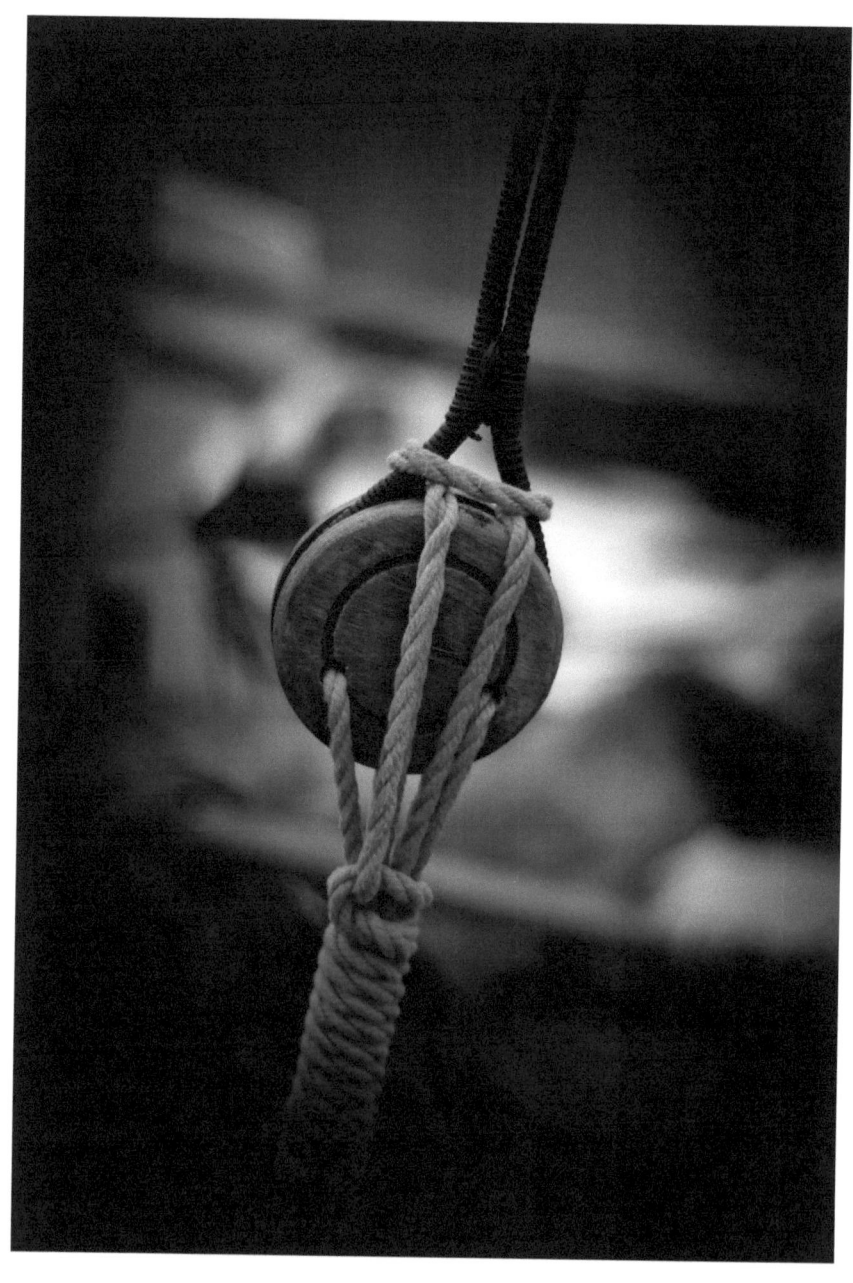

Dettagli di un'imbarcazione di porto canale

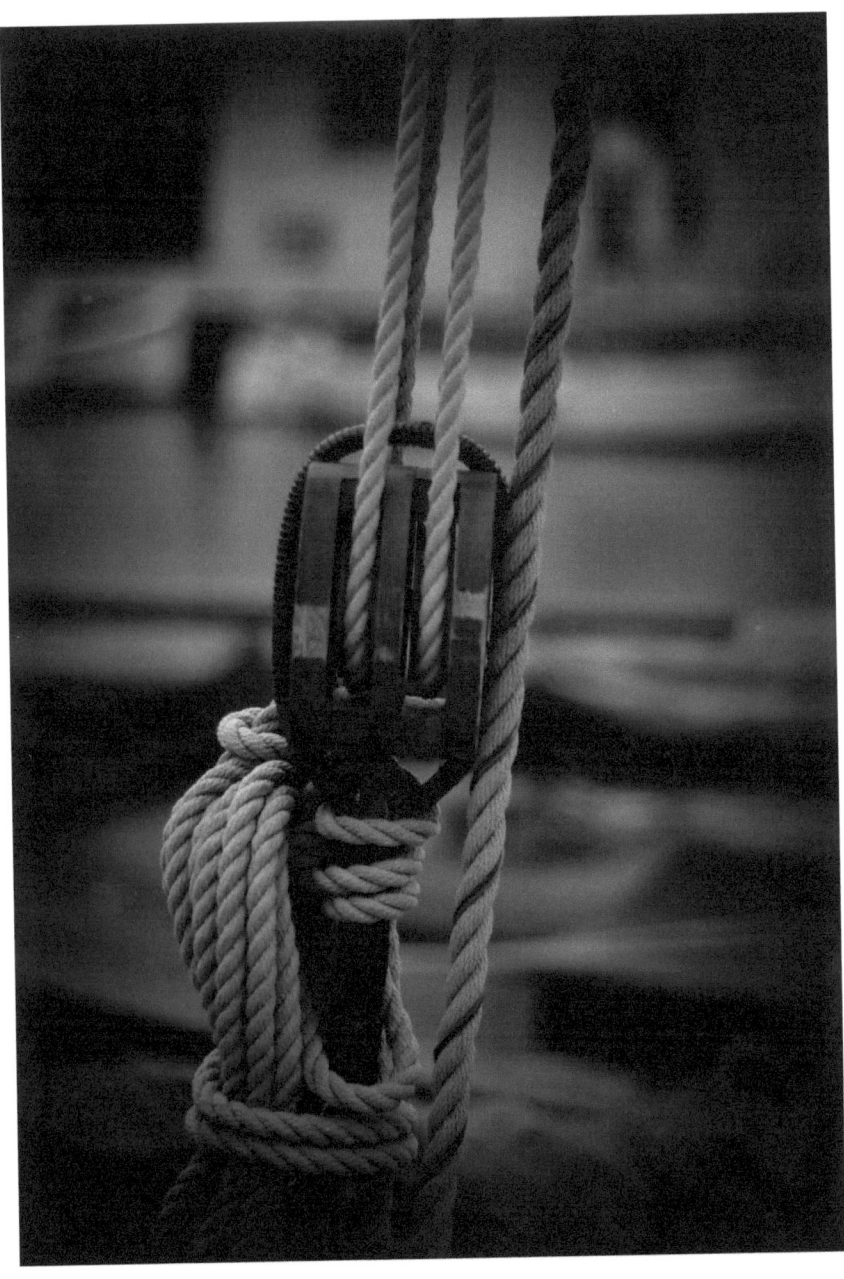

Dettagli di un'imbarcazione di porto canale 2

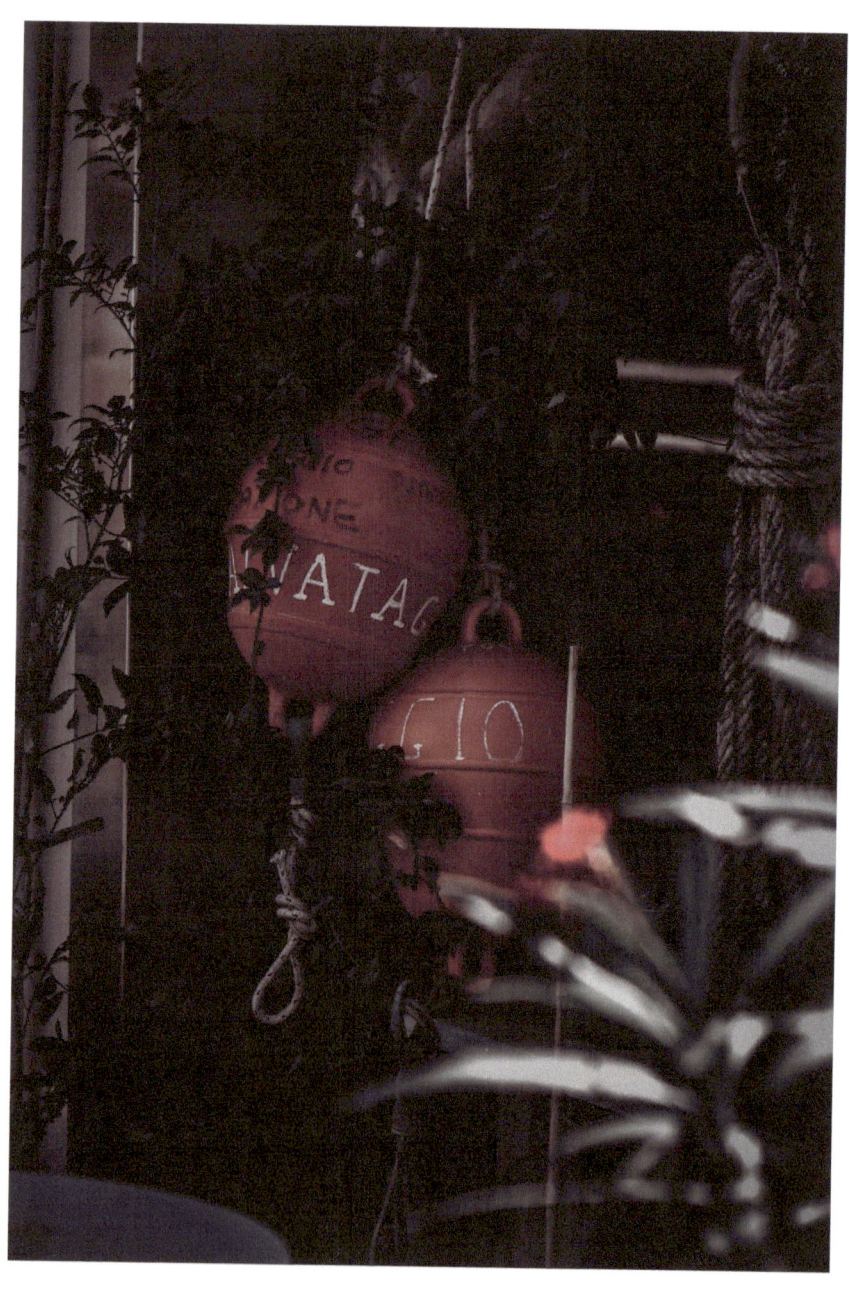

Decorazioni marinaresche

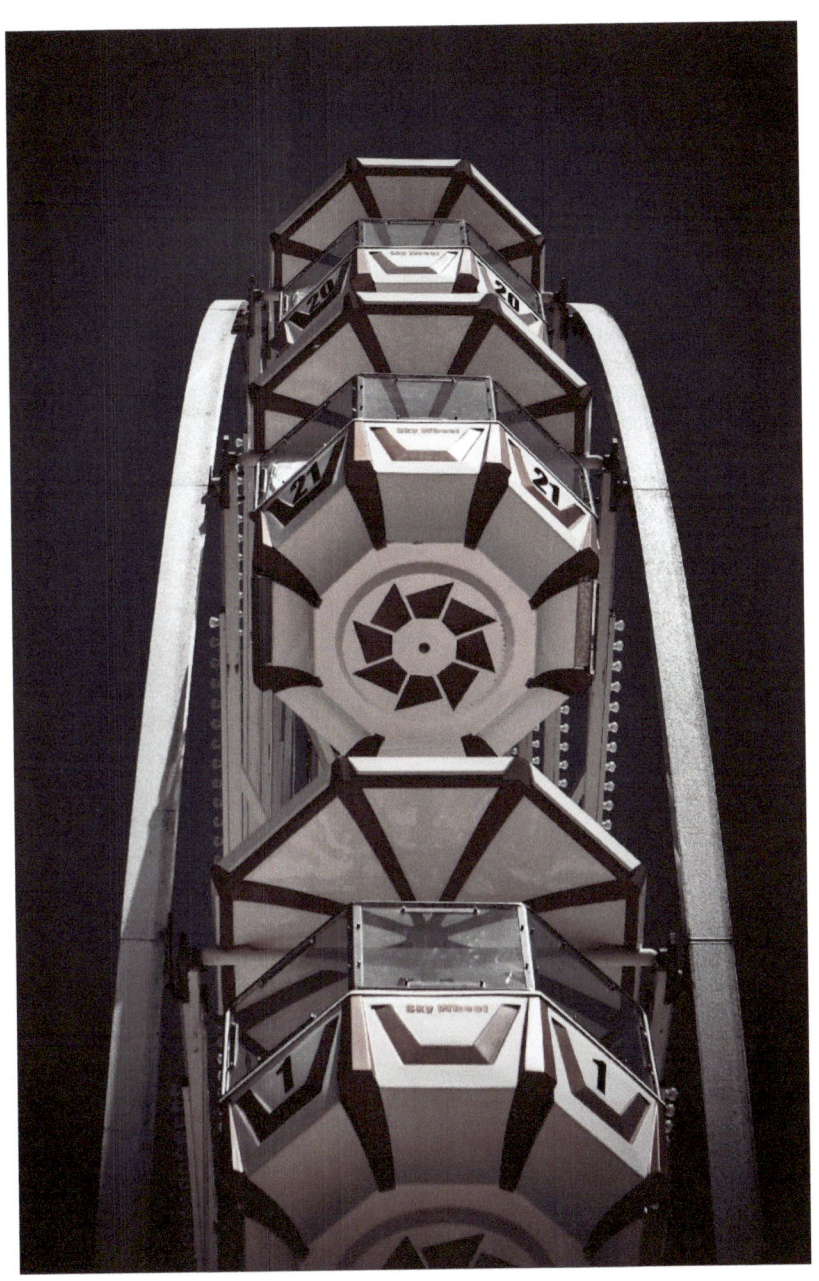
Ruota panoramica dal fianco

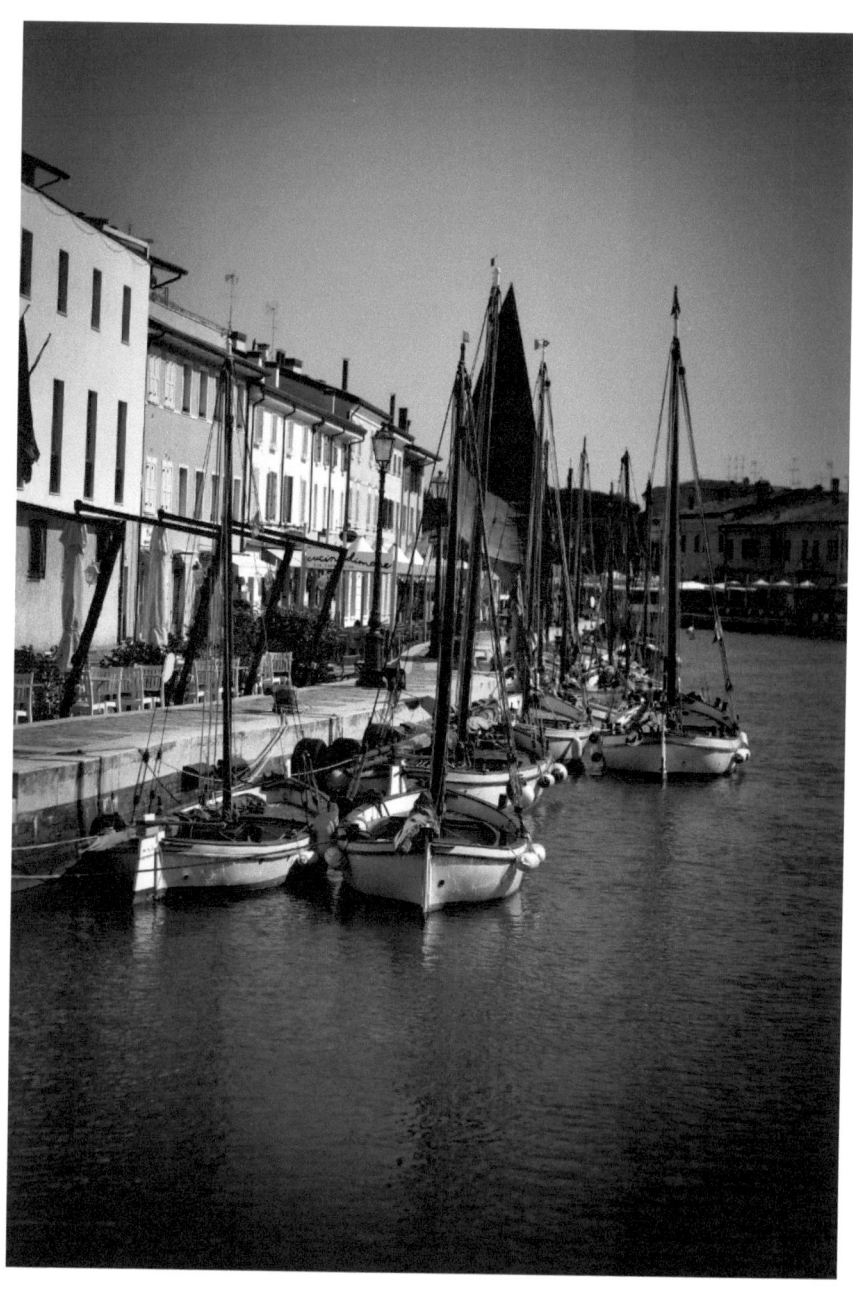

Porto canale lato ponente

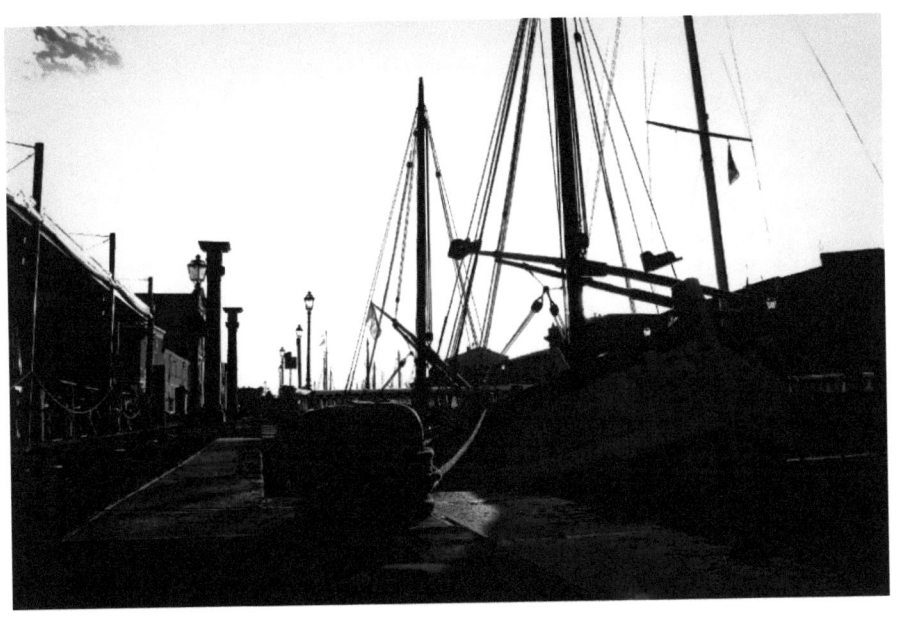

Alba in porto canale

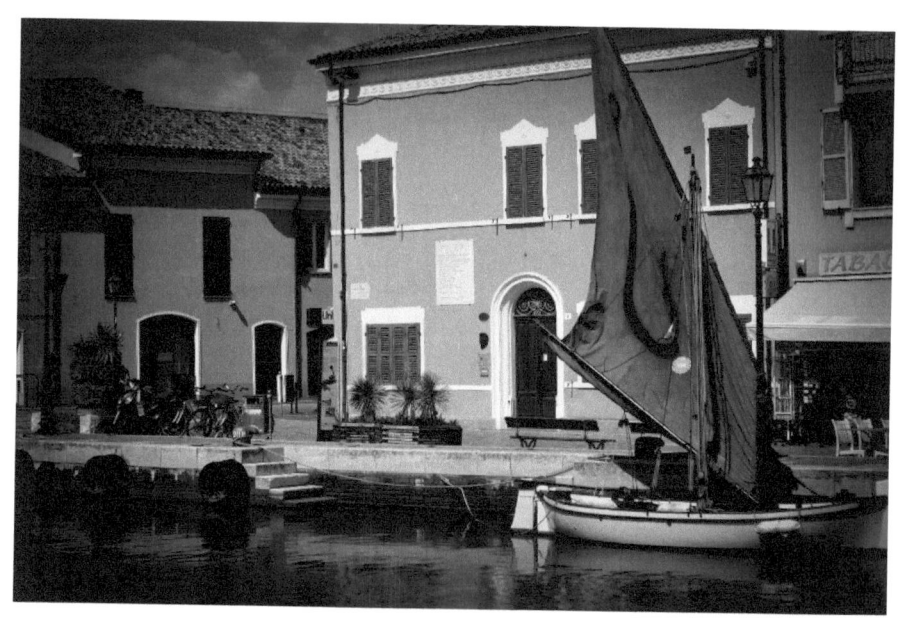

ponente

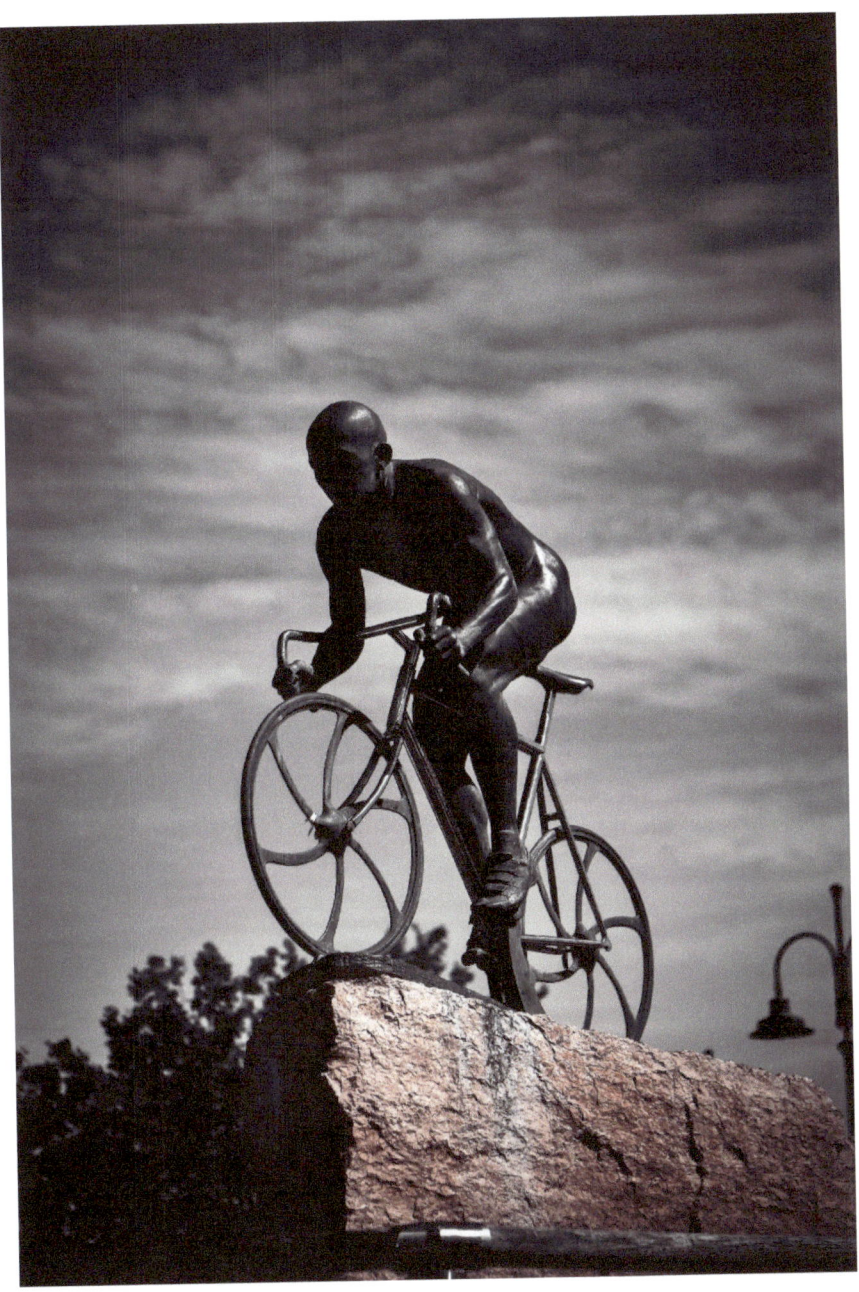
Statua di pantani in piazza Marconi

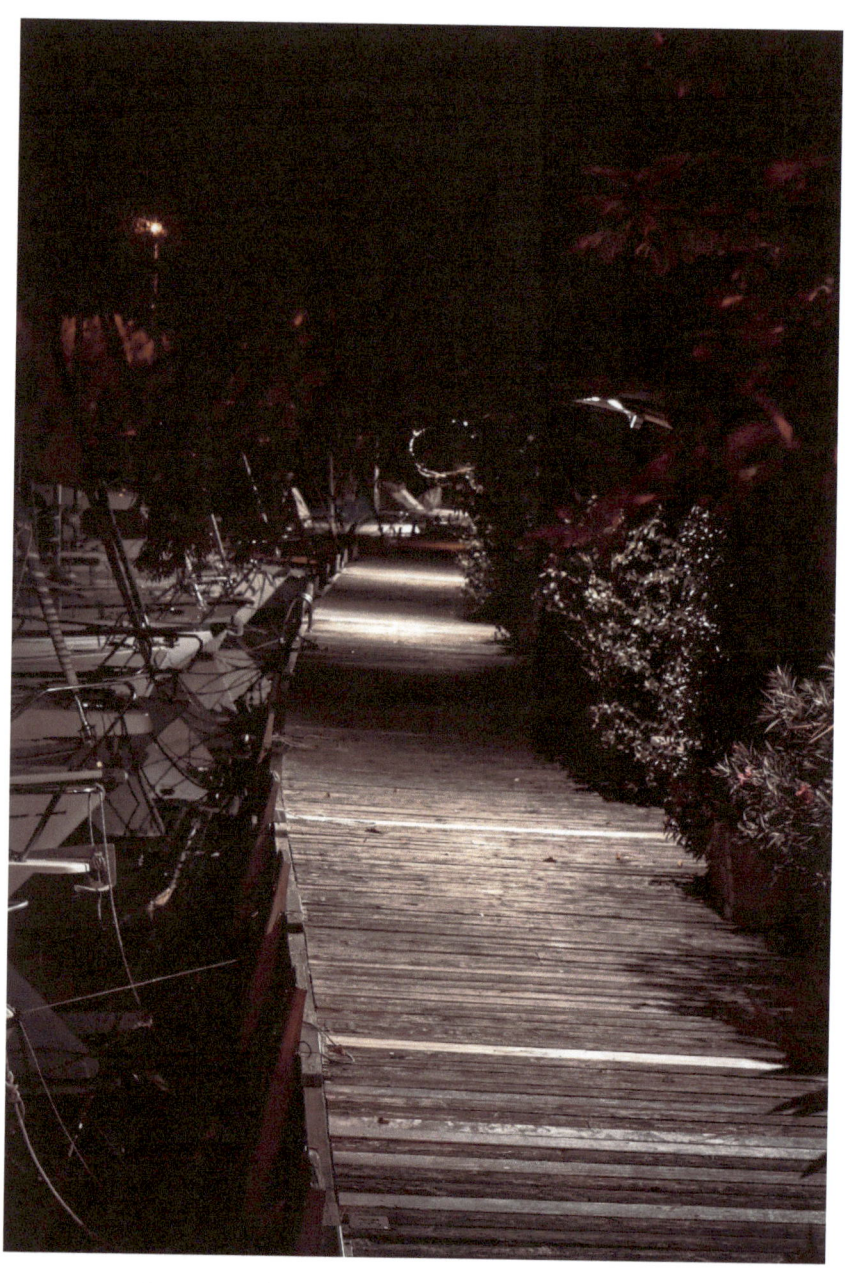

Ormeggio barche di notte all'ex ponte mobile

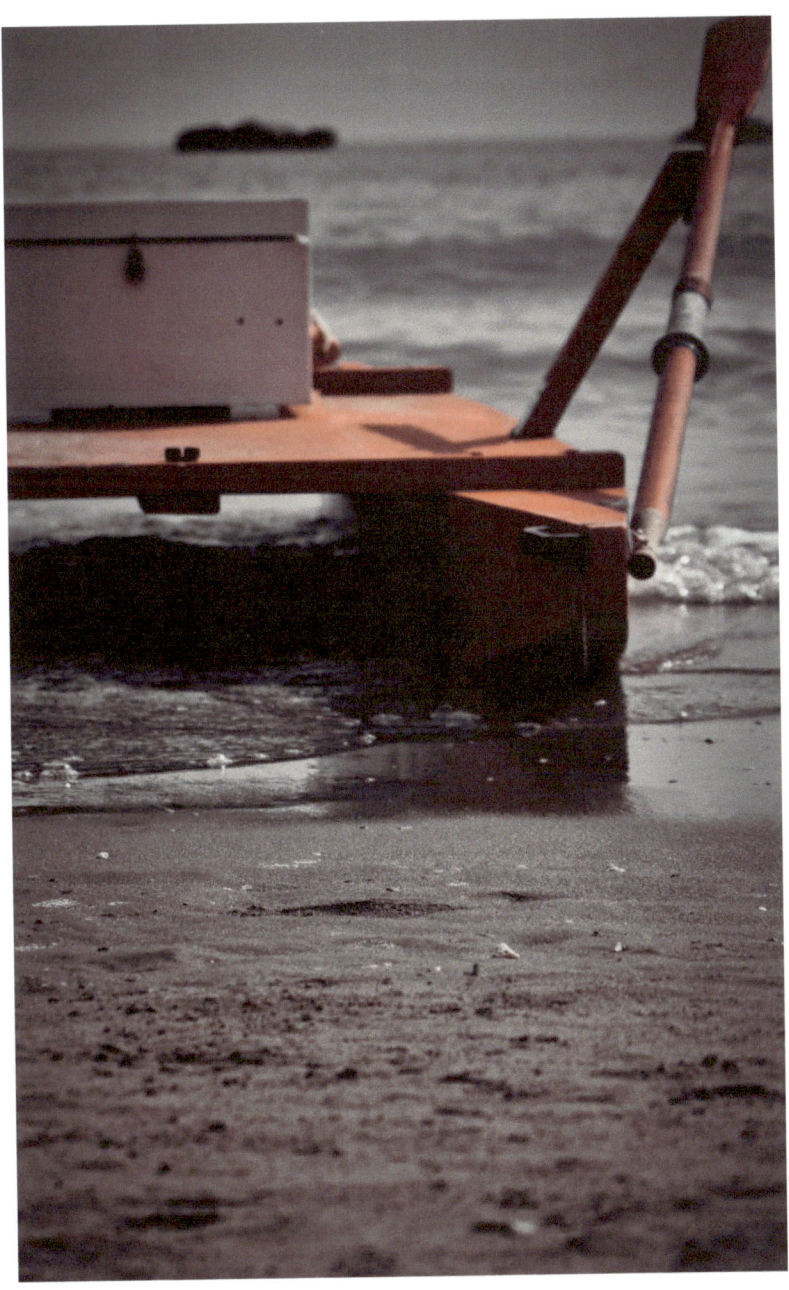
Una mattina d'estate

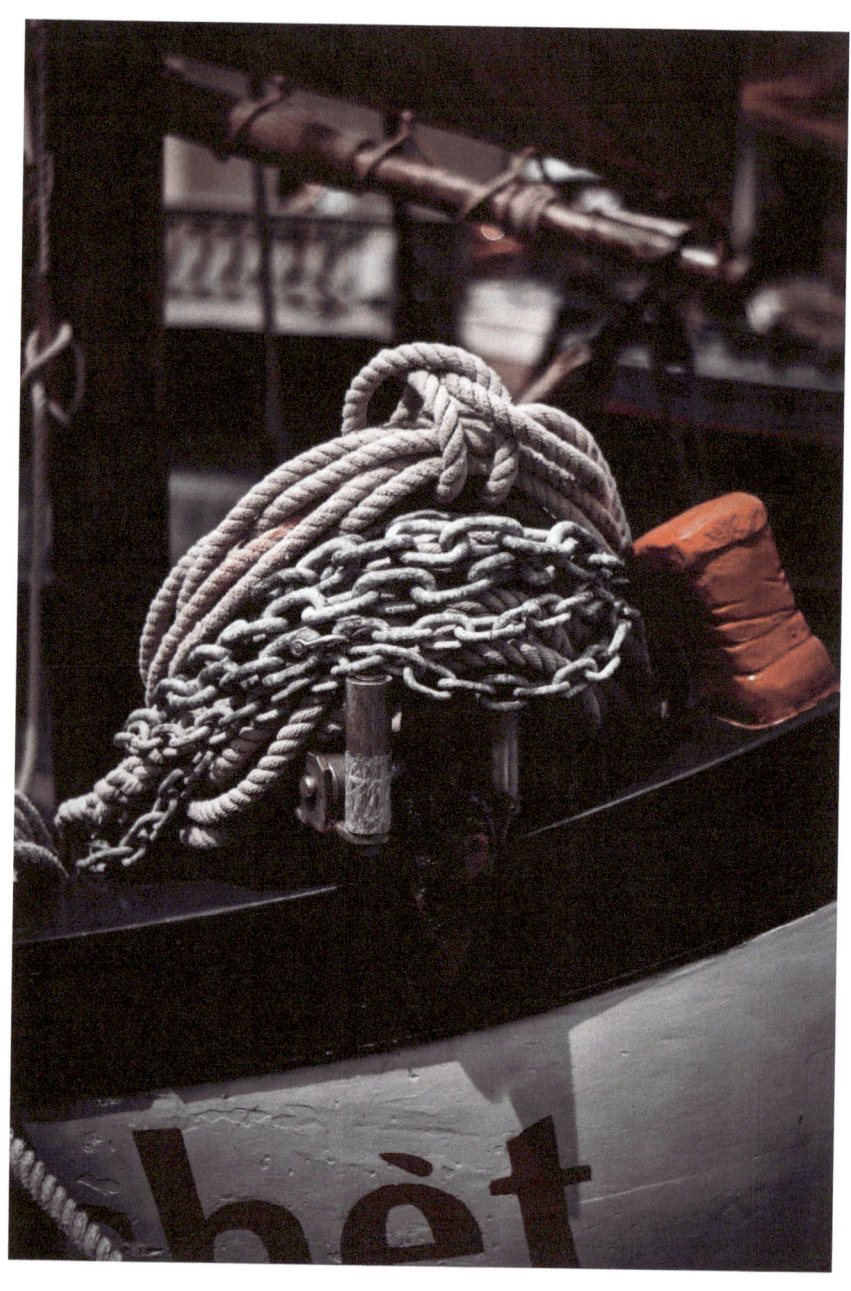

Dettagli di un'imbarcazione di porto canale 3

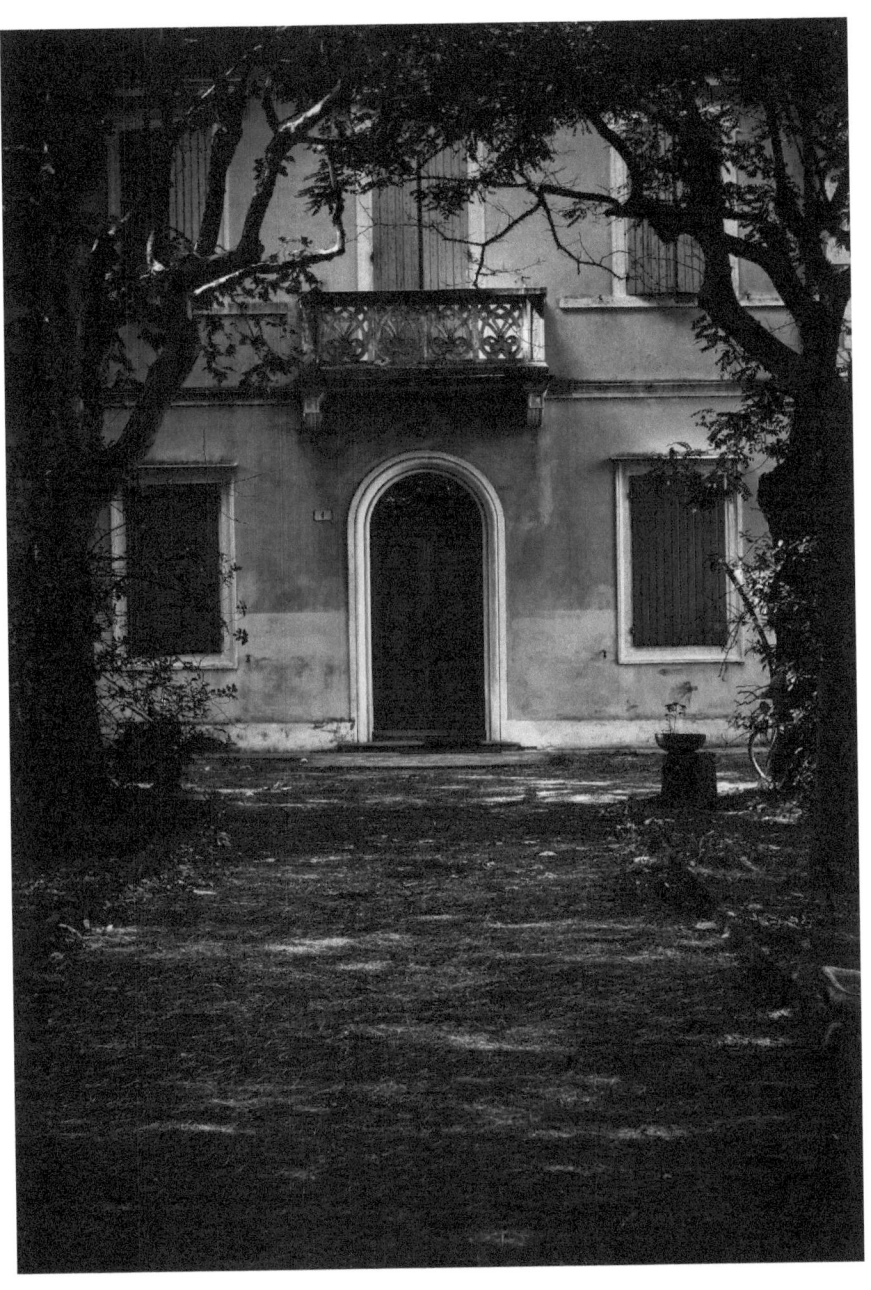

Antica villa vicino al porto

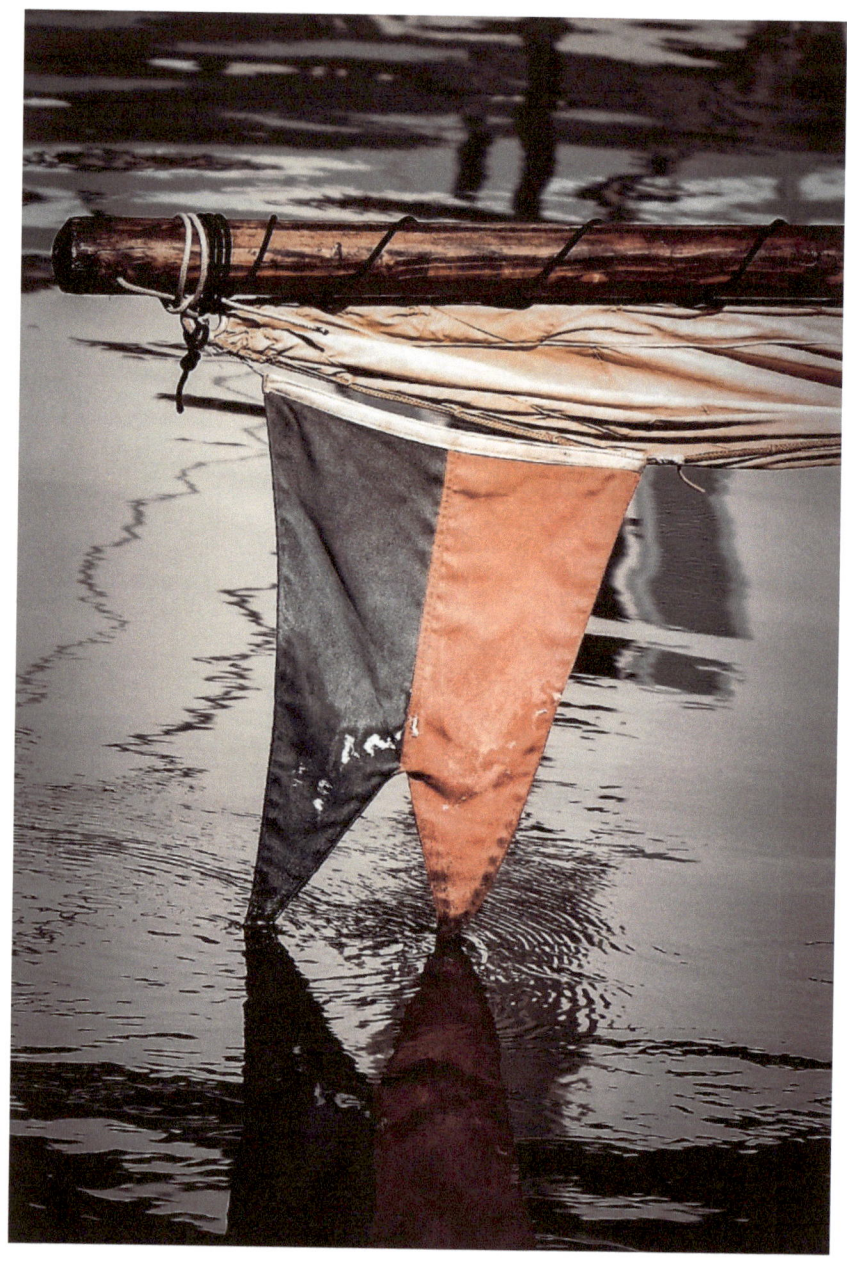

Dettagli di un'imbarcazione di porto canale 4

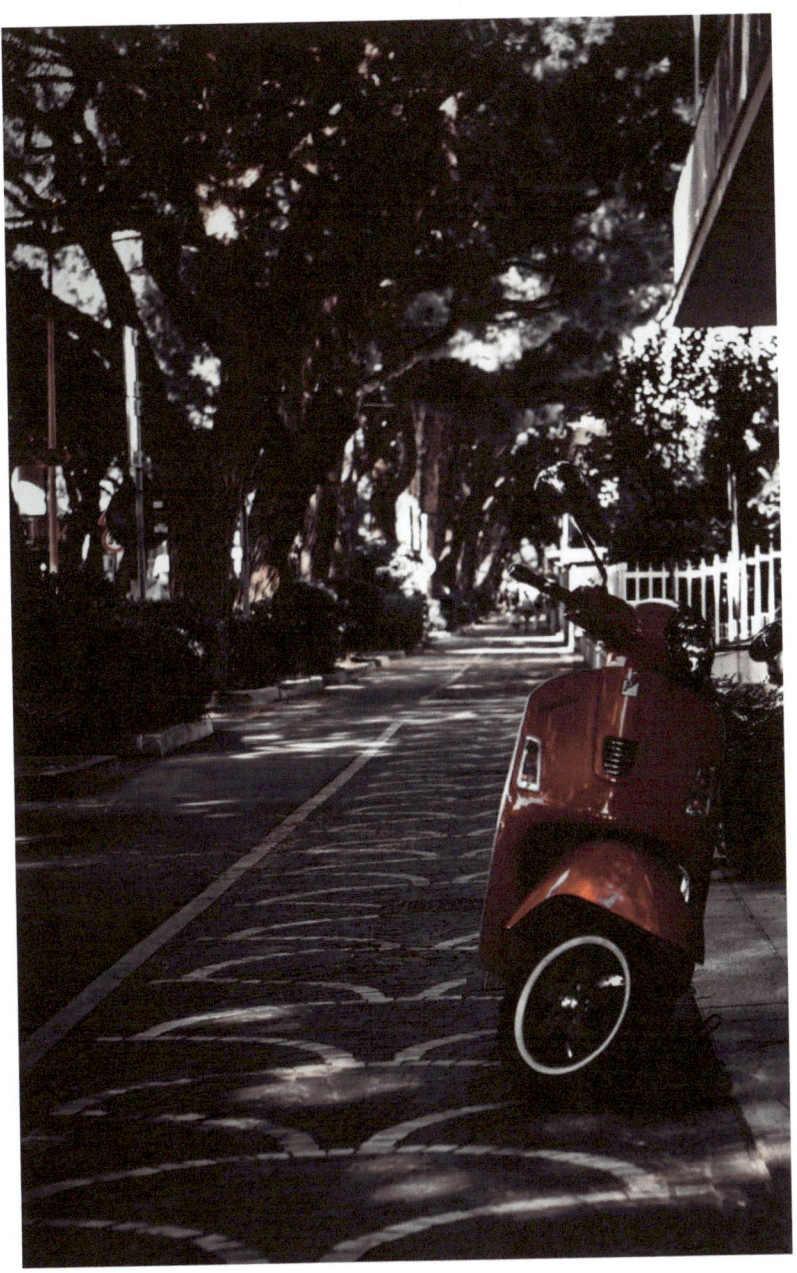

Via Roma

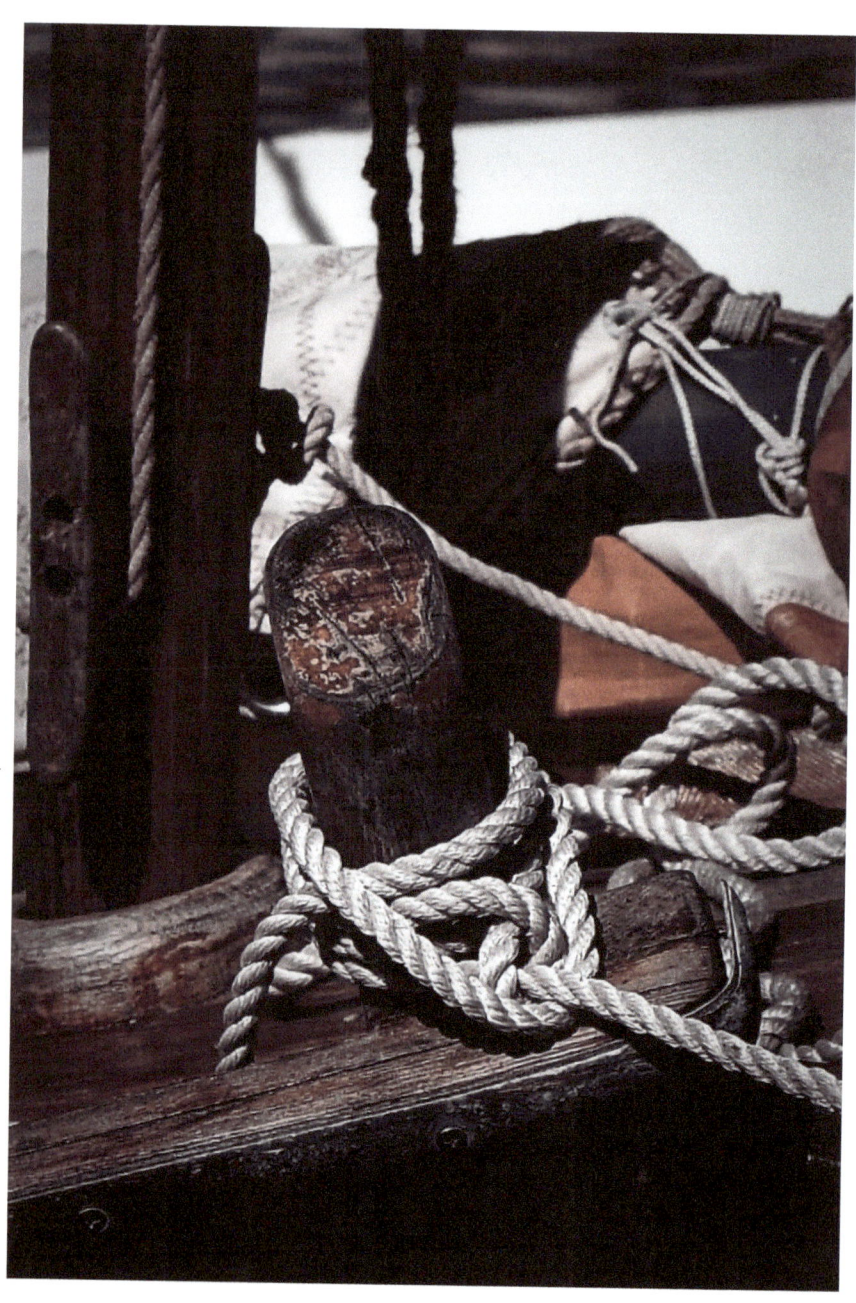

Dettagli di un'imbarcazione di porto canale 5

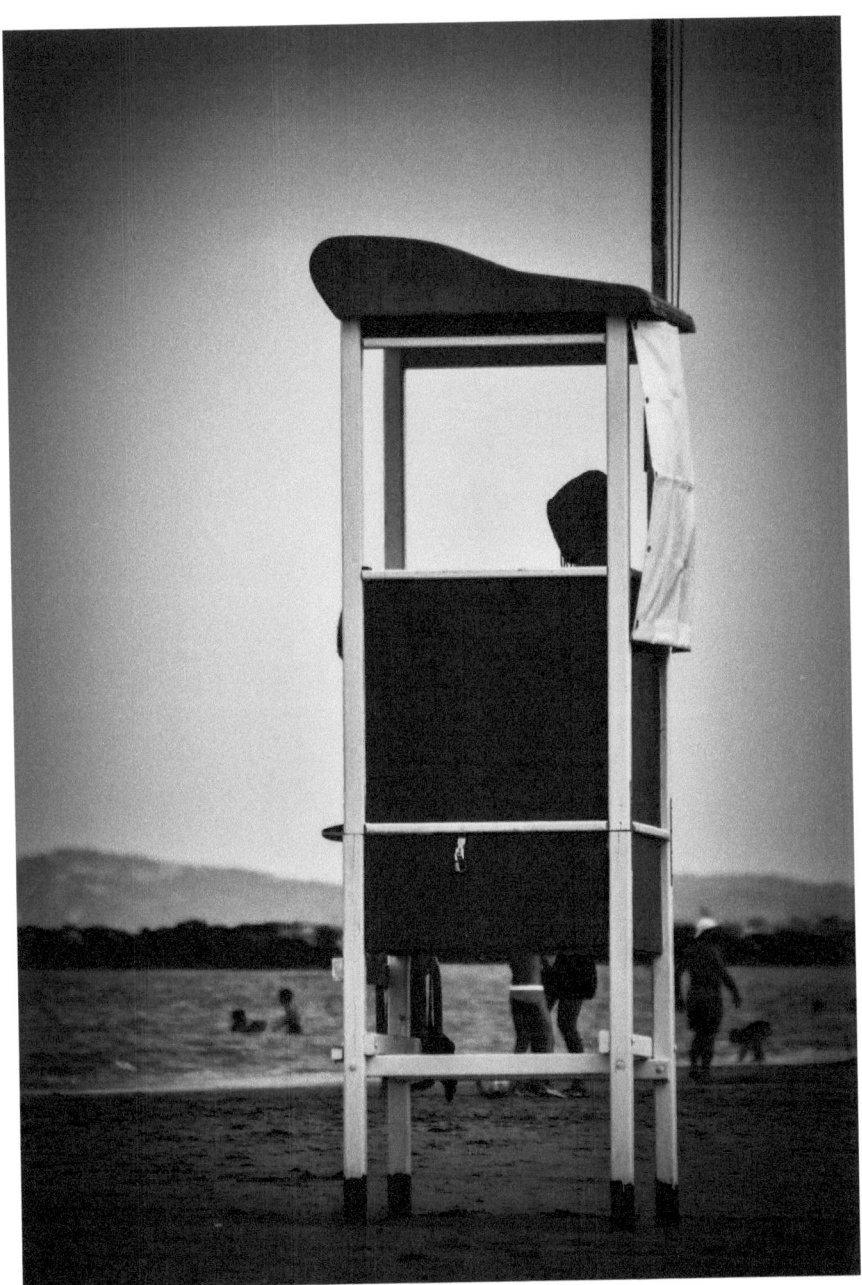

I nostri guardiani

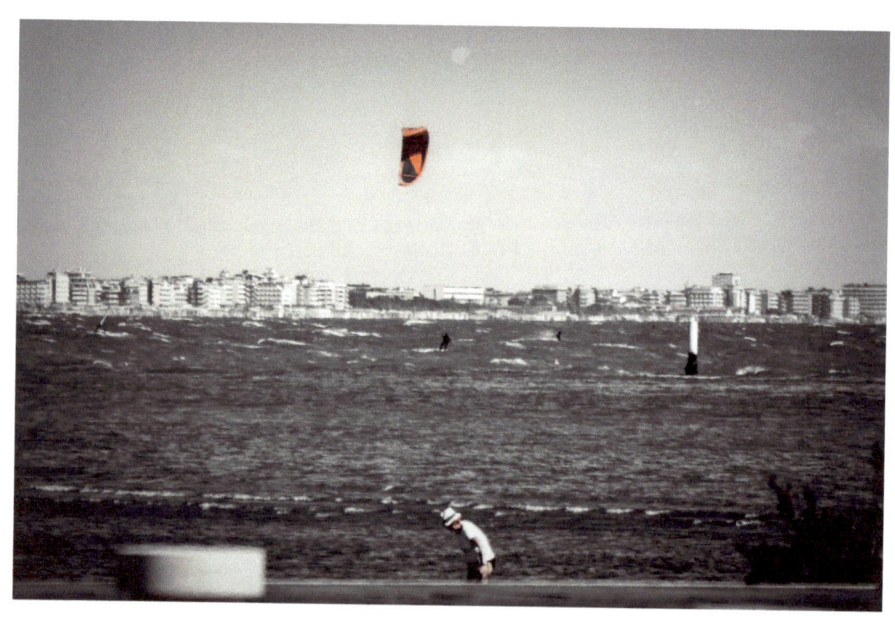

Sport dal lato ponente

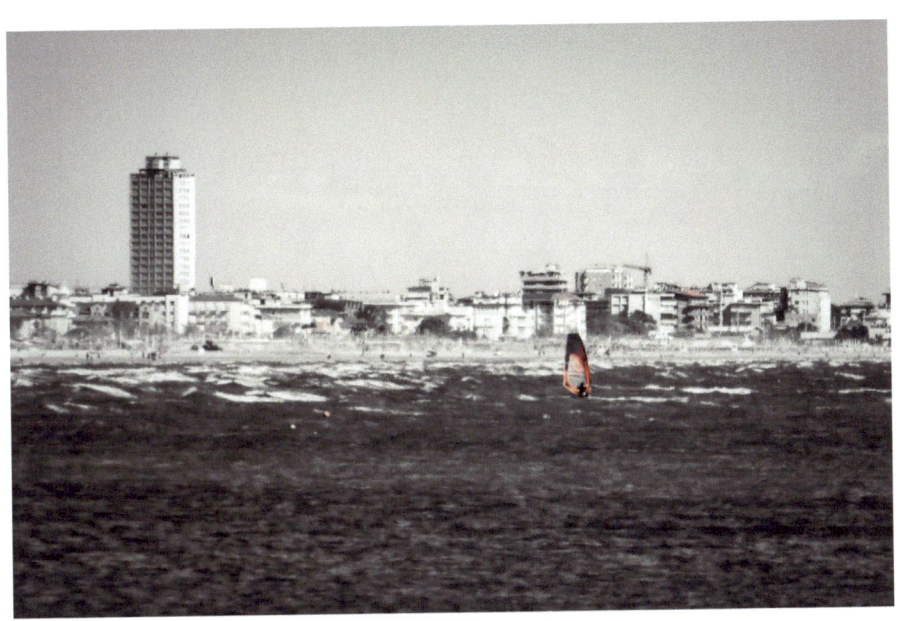

Sport dal lato ponente 2

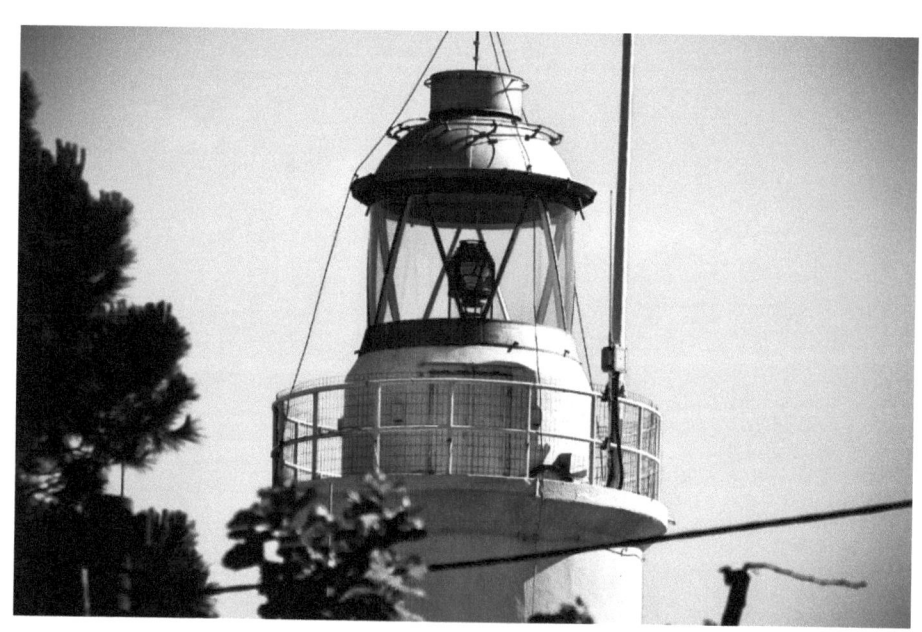

Faro di levante

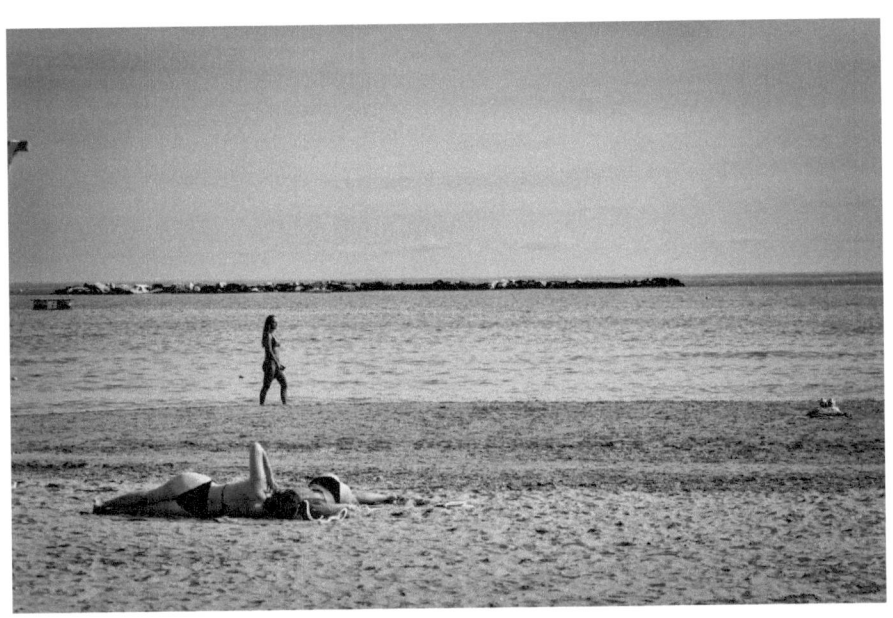

Fine stagione

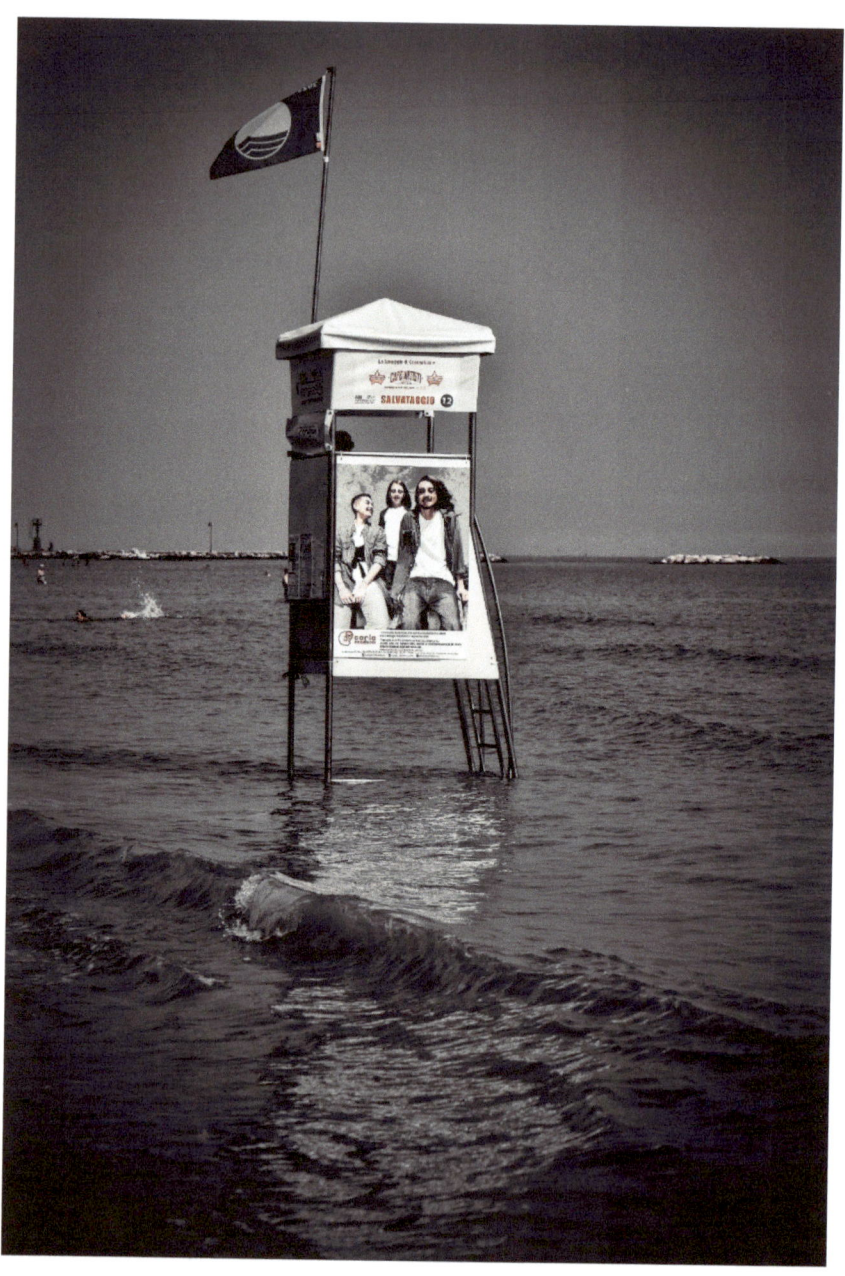

Alta marea

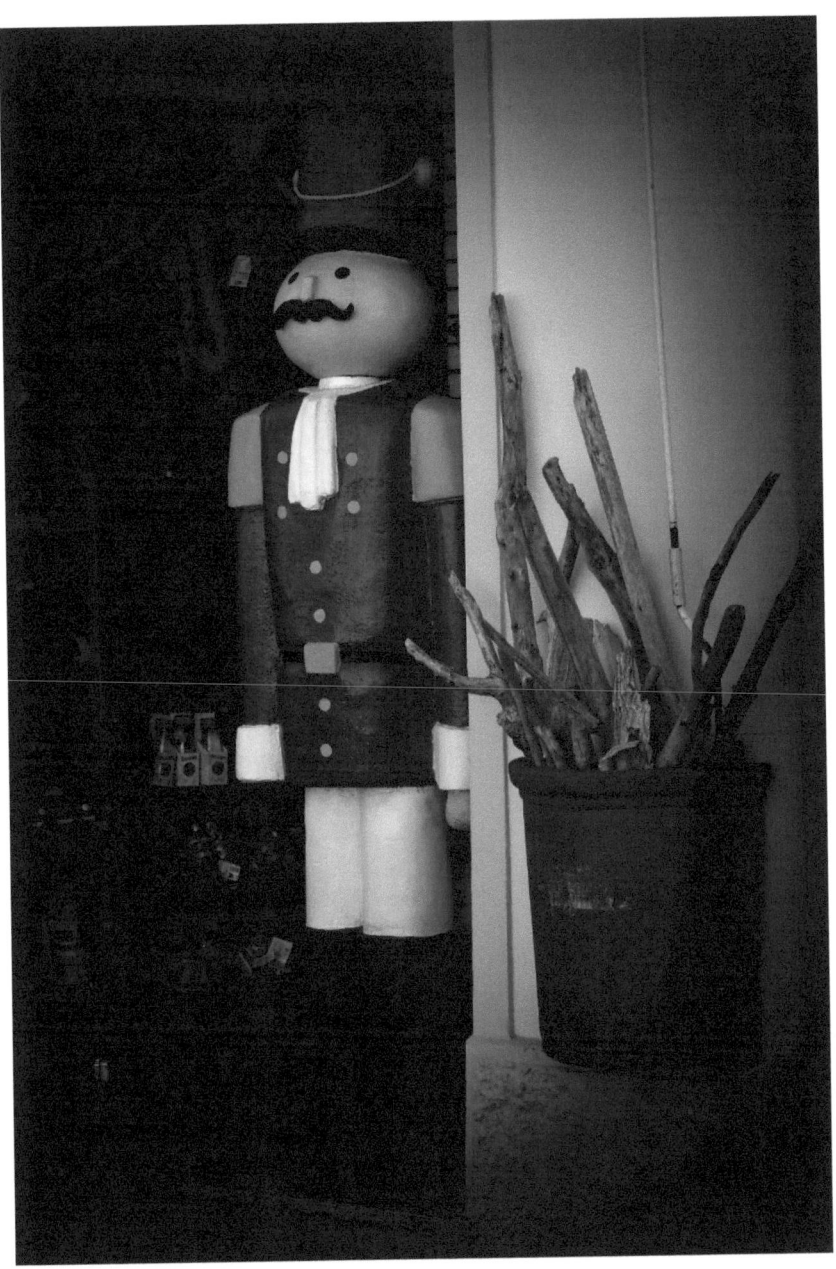

Soldato in piazza Ciceruacchio

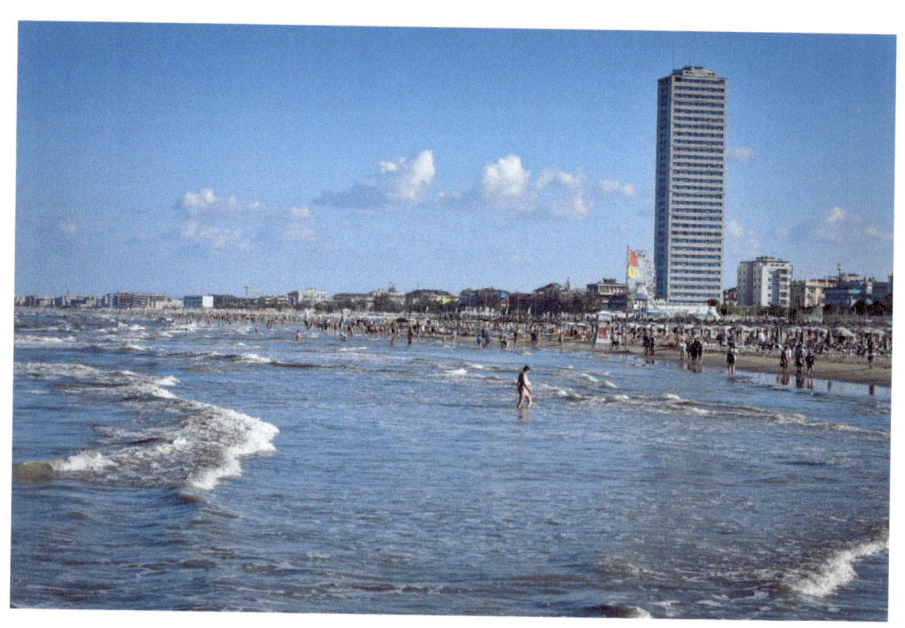

Spiaggia di levante

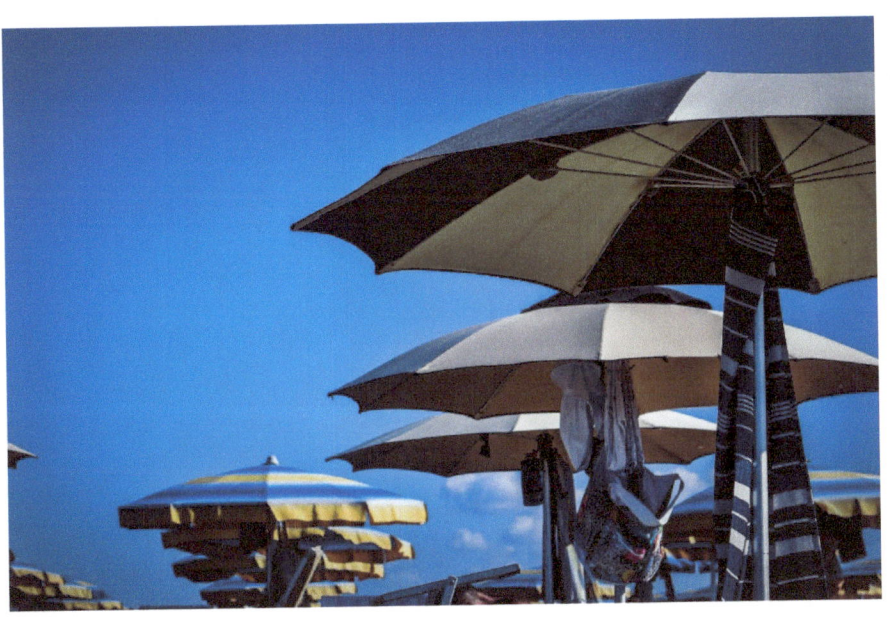
Un pomeriggio in spiaggia

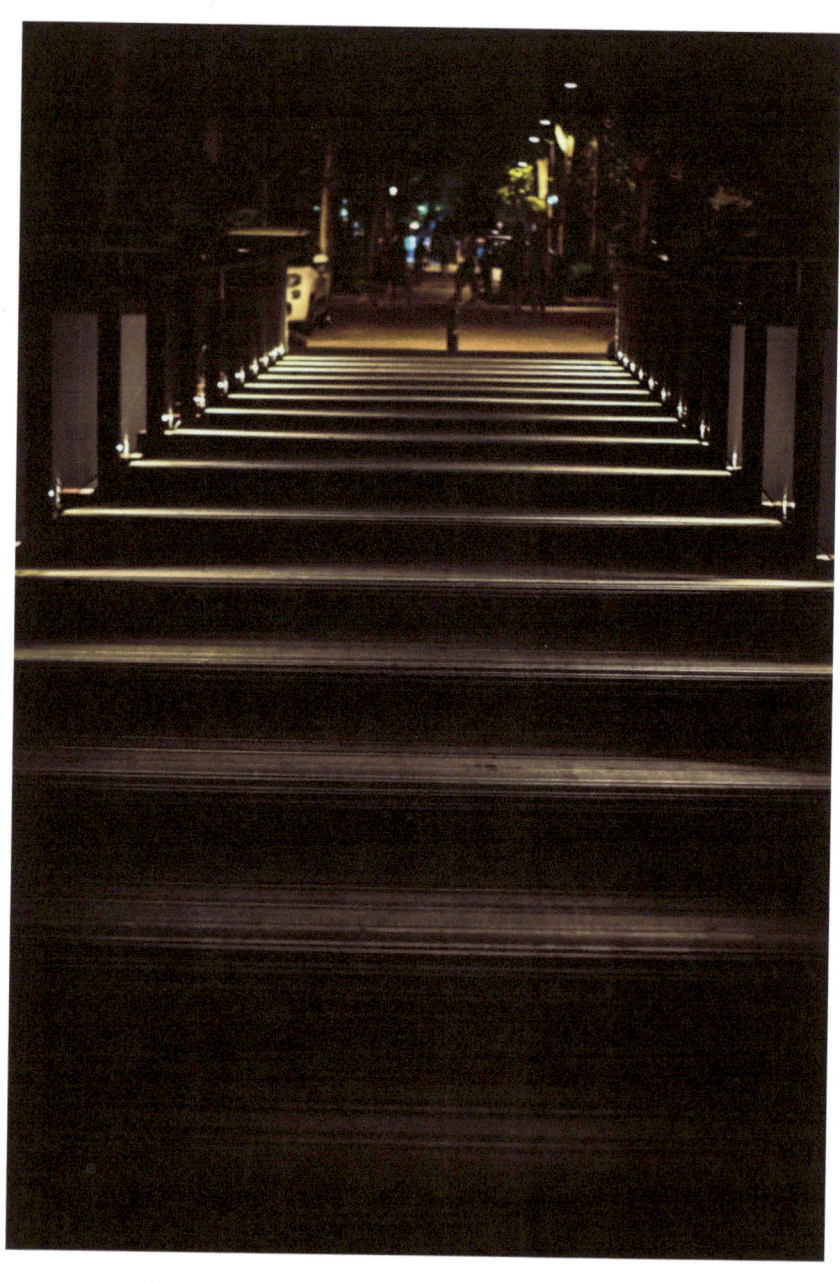

Il nuovo ponte pedonale della vena Mazzarini

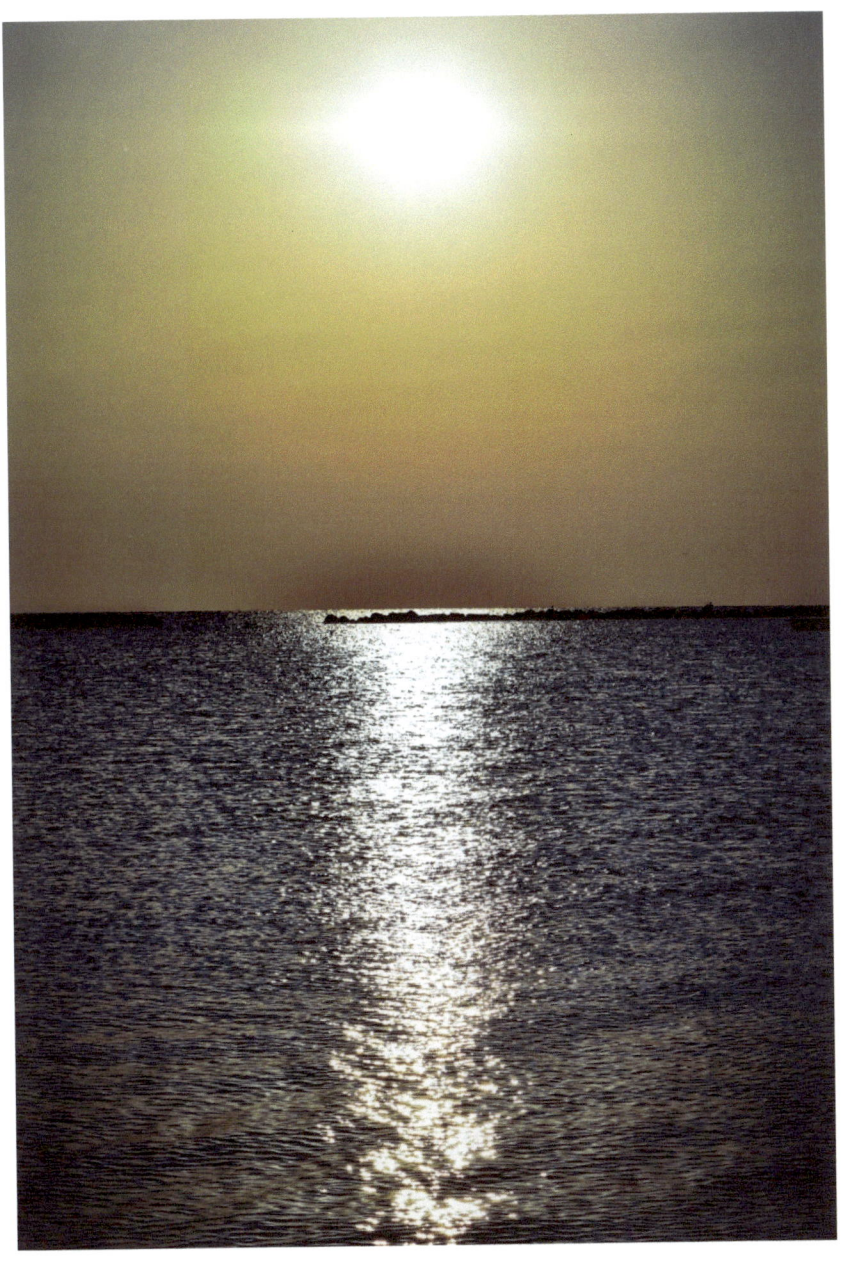

Alba al mare

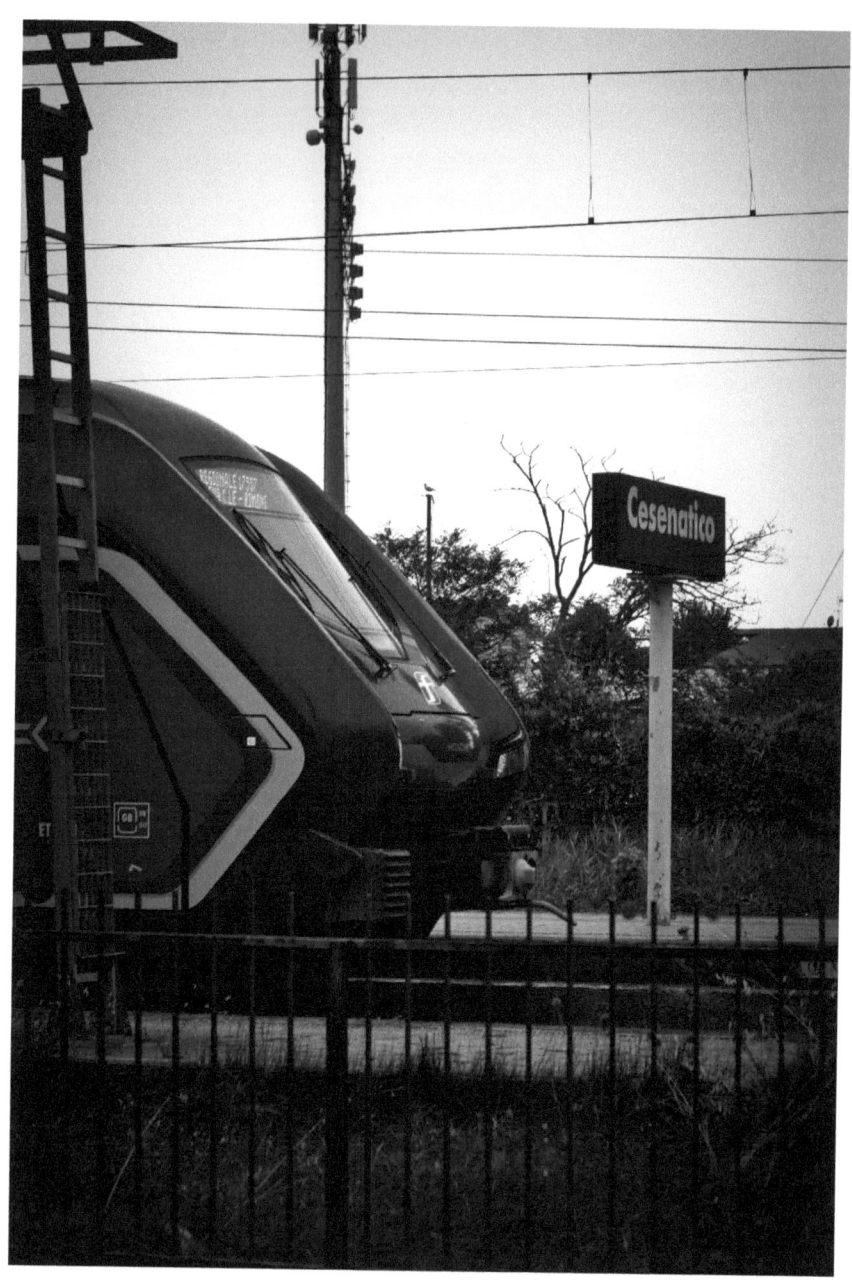

Arrivo in città

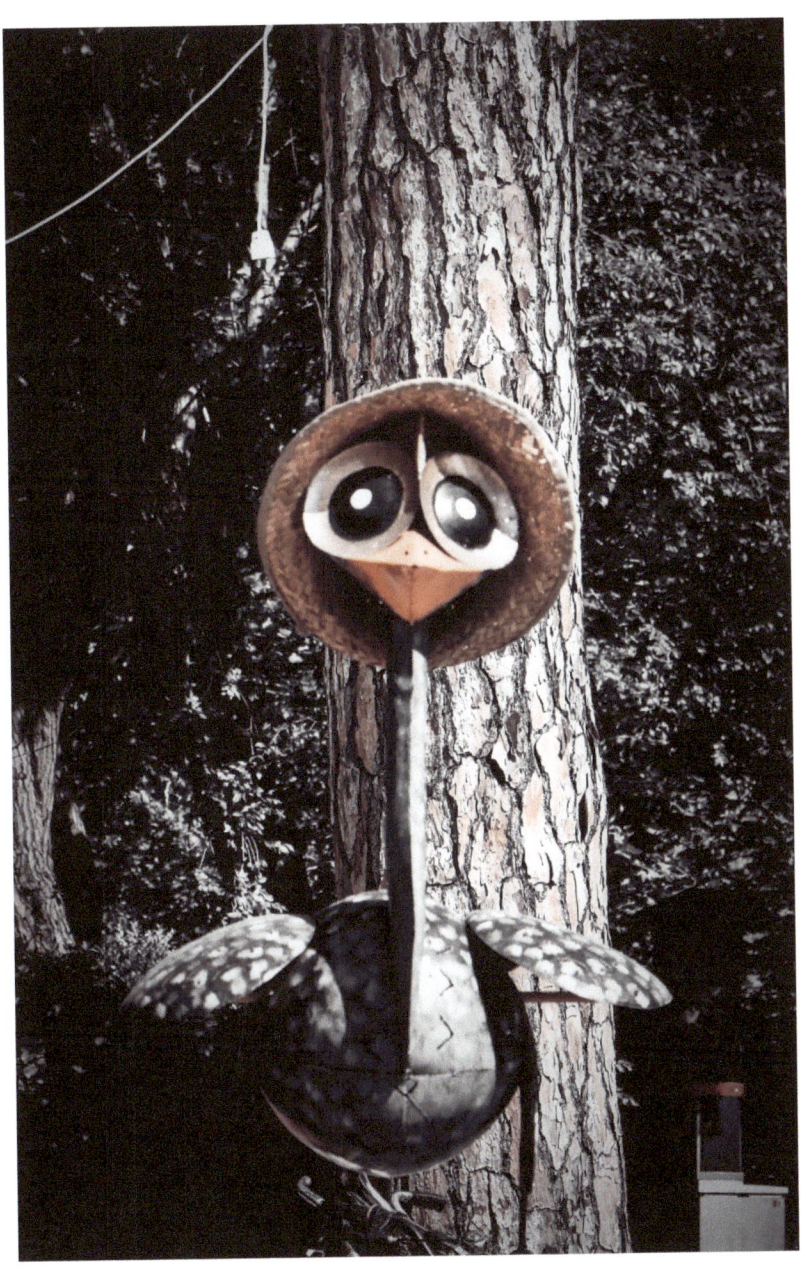

Decorazione in viale dei Mille

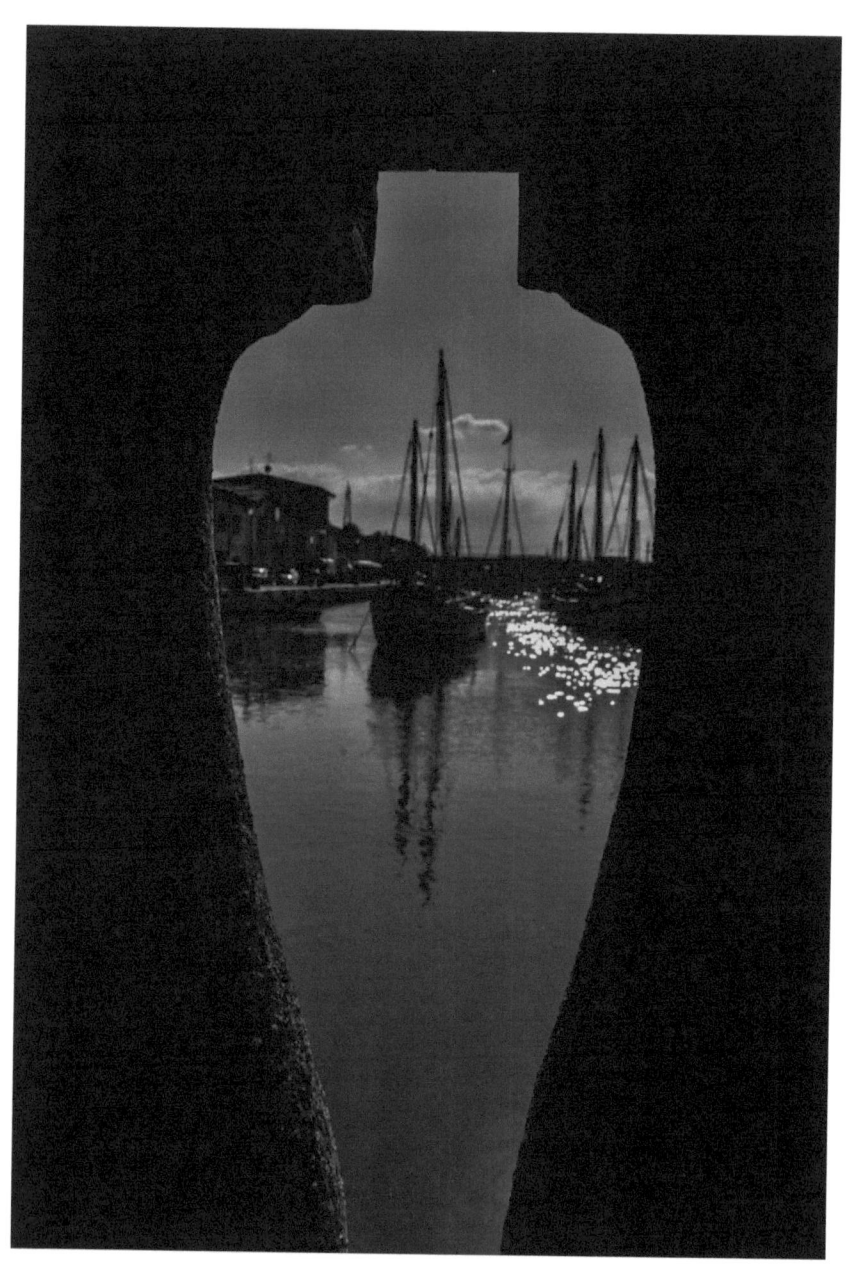

Attraverso il ponte di porto canale

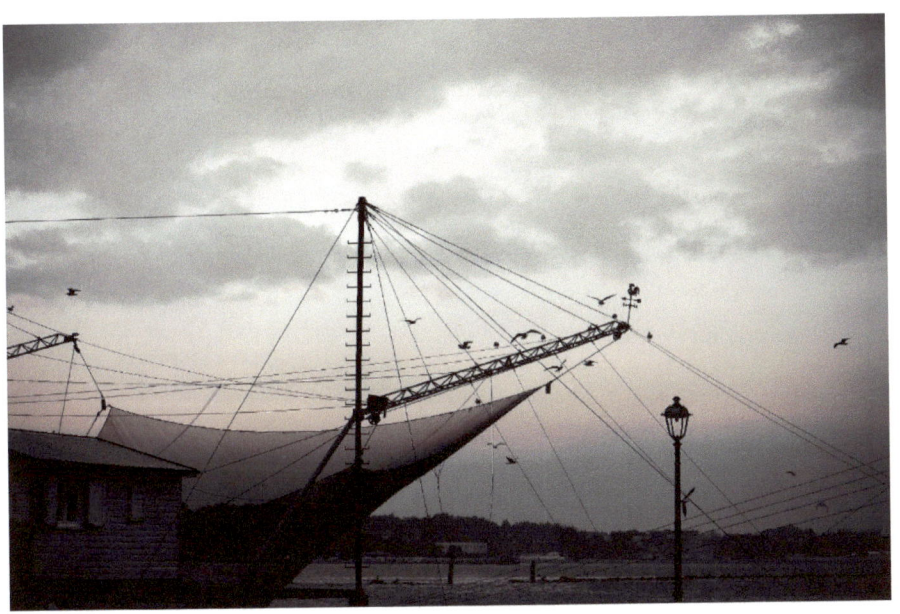

Tramonto a ponente

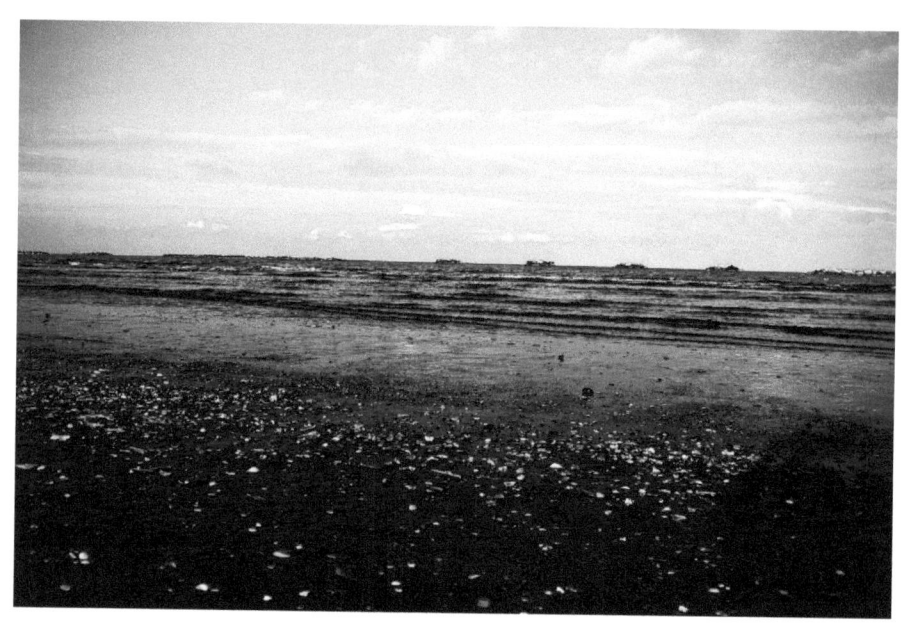

Inverno al mare

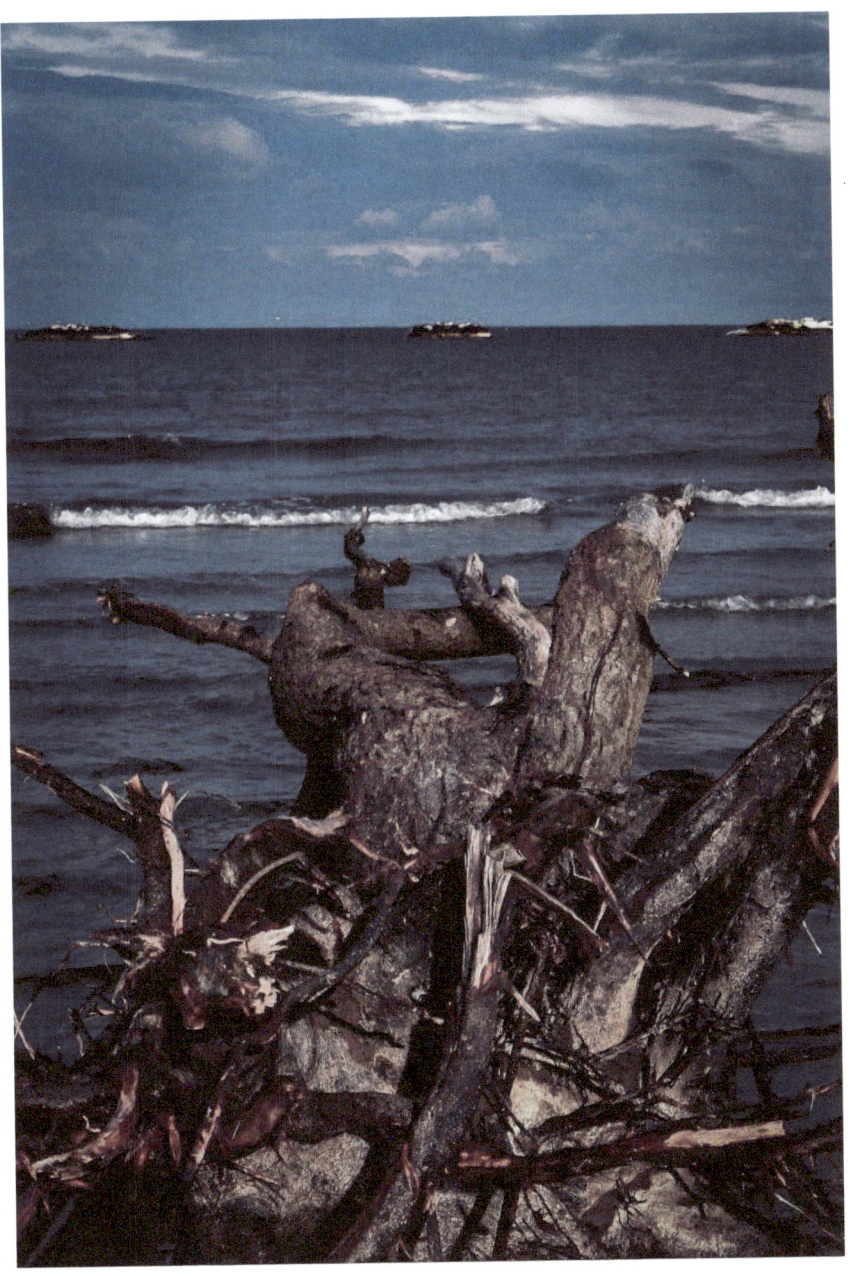

Dopo una mareggiata

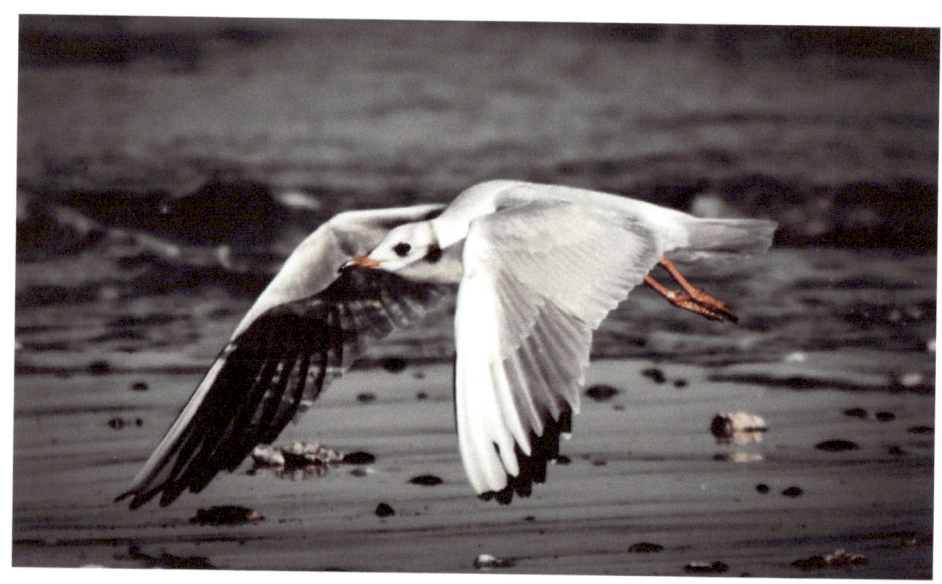

Amici in spiaggia

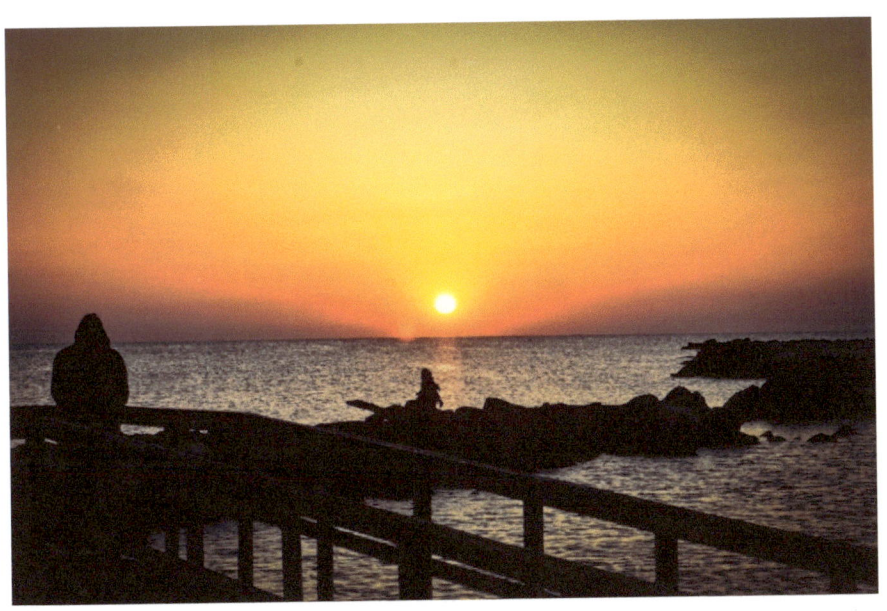

Alba da levante

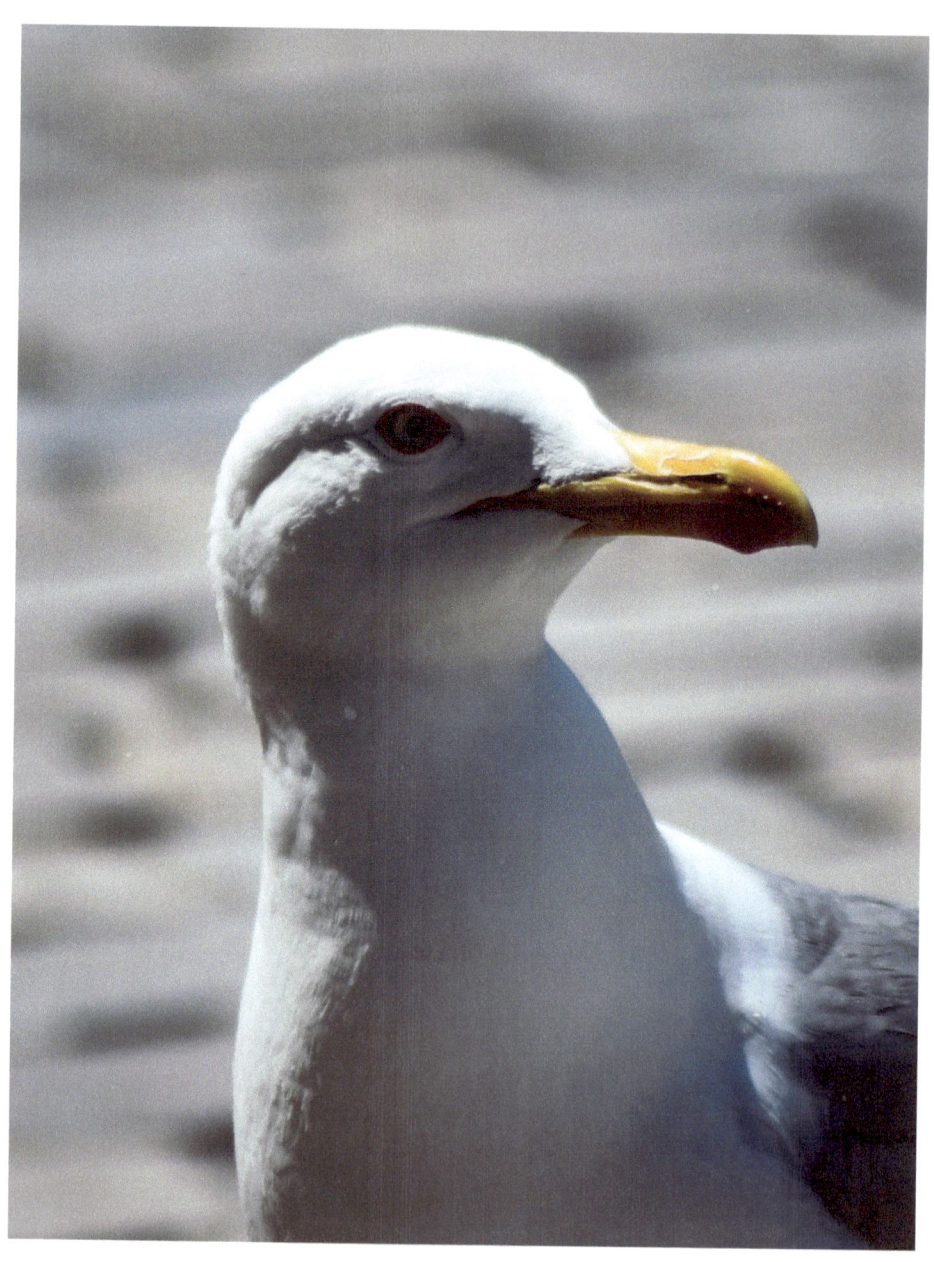

Incontri a porto canale

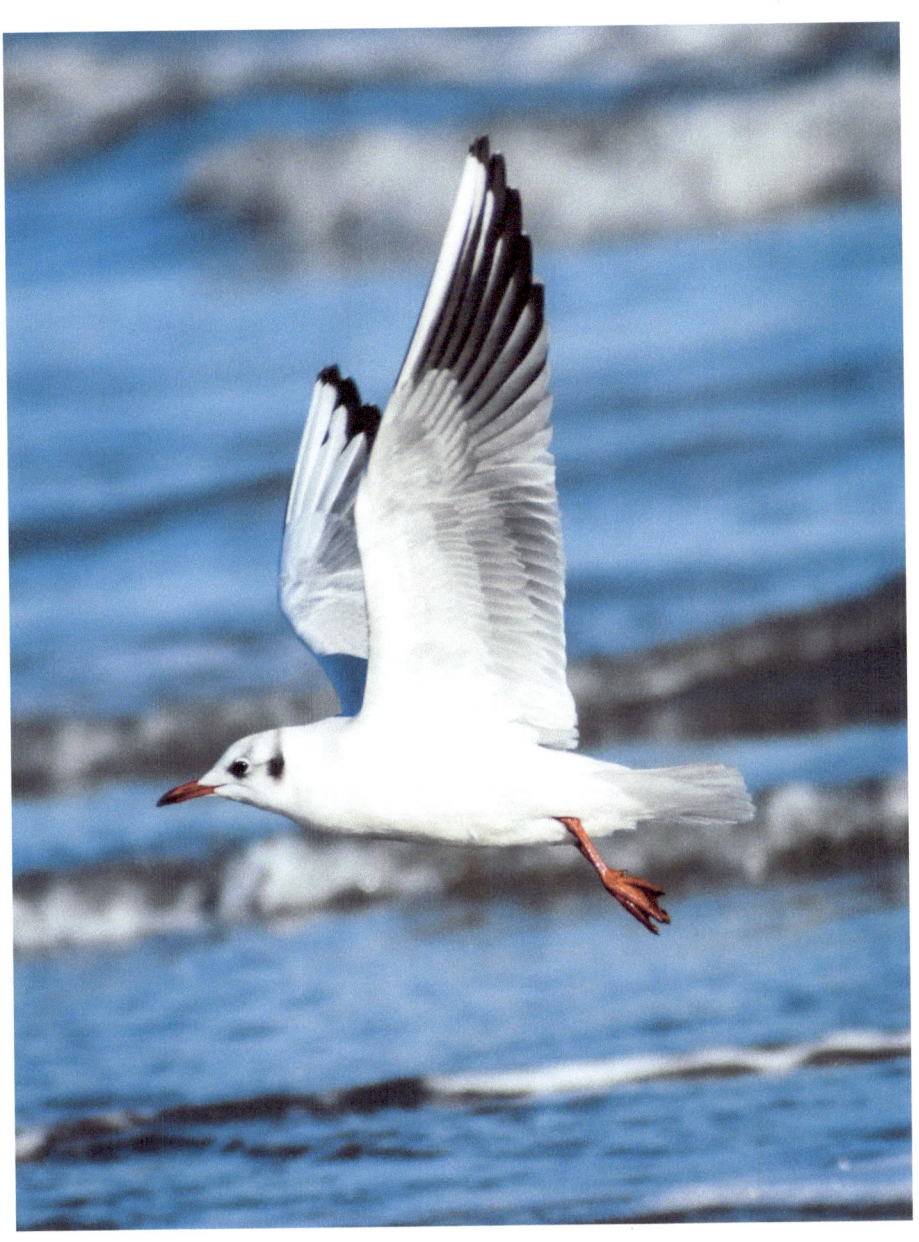

Eleganza che si trova al mare

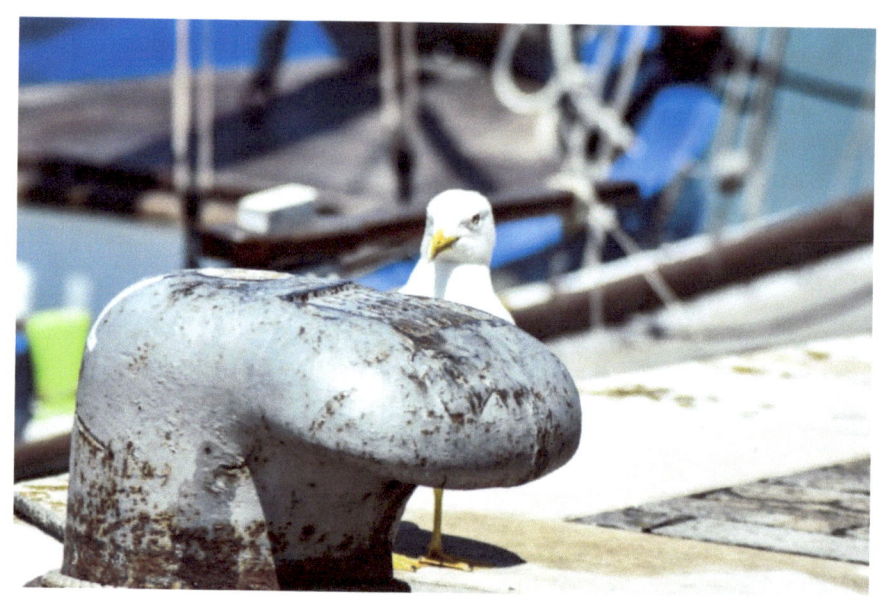
Siamo osservati

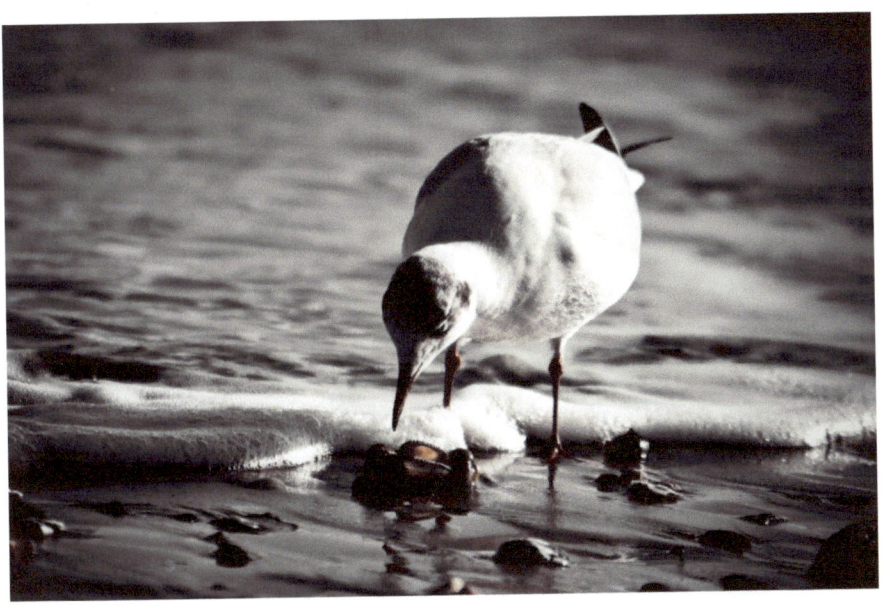
La bellezza della spiaggia in primavera

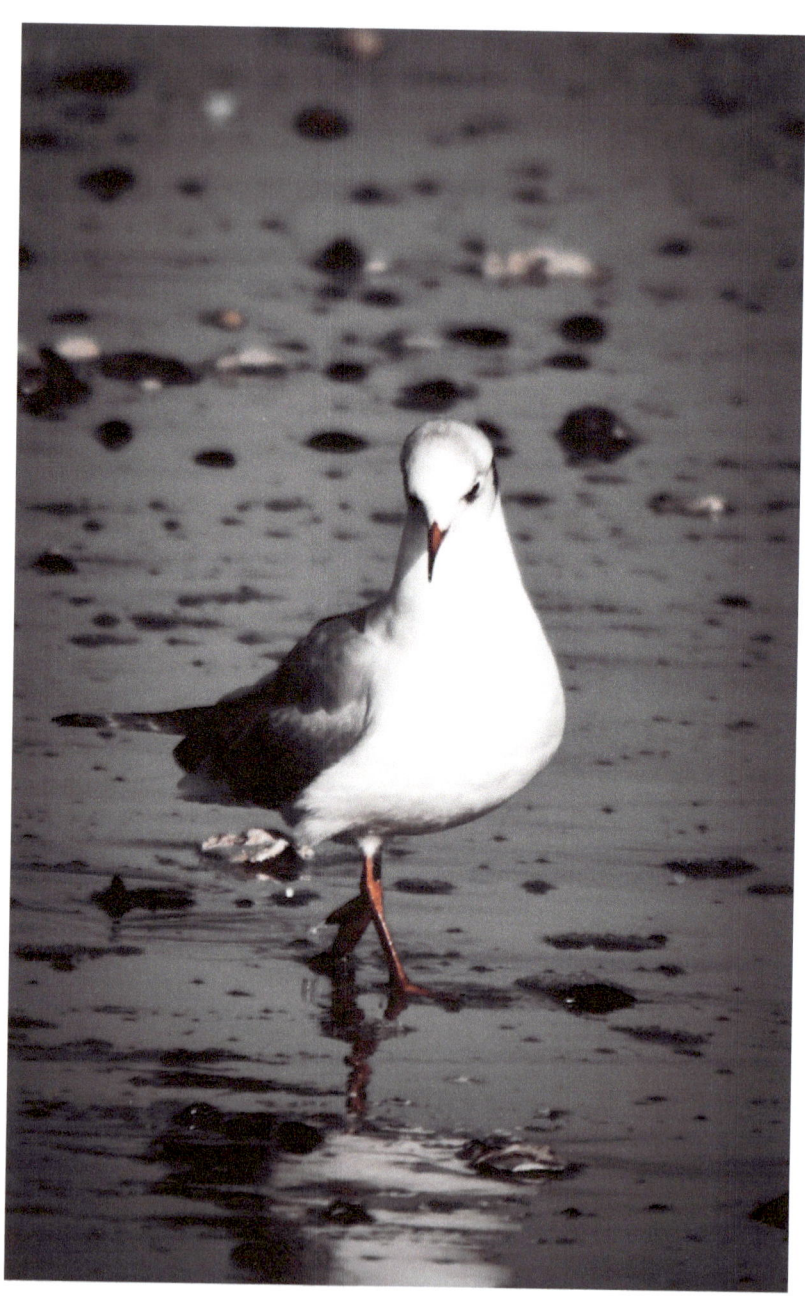

Per chi ama la natura

Cesenatico è bellissima in estate ma, d'inverno è magica!!!

www.ingramcontent.com/pod-product-compliance
Lightning Source LLC
Chambersburg PA
CBHW041941240526
45473CB00033B/116